GEMEINSAM JAGEN

STEUERUNG DES JAGDVERHALTENS DURCH BEDÜRFNISORIENTIERTES JAGDERSATZTRAINING

von

Simone Müller

JAGDERSATZTRAINING - TEIL 1

Überarbeitung von Clara Hilsberg

Gemeinsam jagen
Steuerung des Jagdverhaltens durch bedürfnisorientiertes
Jagdersatztraining

Autorin: Simone Müller
Vorwort von Claire Staines
Beiträge von Lhanna Dickson und Charlotte Garner
Überarbeitet von Simone Müller und Clara Hilsberg
Illustrationen von Päivi Kokko

Impressum:
Simone Müller
Pattbergstraße 15
74867 Neunkirchen
Deutschland

Dieses Buch bietet durch langjährige Erfahrungen als erfolgreich
erwiesene Trainingsmethoden. Alle Methoden sind auf dem neu-
esten Stand der Wissenschaft unter Hundetrainern und Verhaltens-
beratern, die sich auf gewaltfreies Anti-Jagd-Training spezialisiert
haben. Die Autorin kann nicht für Schäden haftbar gemacht werden, die aus der Verwendung dieses Buches entstehen.

FÜR MARLEEN

Inhaltsverzeichnis

Vorwort

Als Trainerin, die mit positiver Verstärkung durch funktionale Belohnung arbeitet, habe ich Hunde mit ausgeprägtem Jagdtrieb immer als schwierig empfunden. Bis ich eines Tages meine Kollegin Simone Müller kennenlernte, die ich heute zu meiner großen Freude auch als Freundin bezeichnen darf und deren Trainingsmethoden ich sehr schätze.

Es ist leider eine Tatsache, dass Hunde eine potenzielle Gefahrenquelle für Wildtiere und kleinere Nutztiere darstellen. Jeder Hundehalter lebt mit der Angst, dass der Jagdinstinkt seines Hundes mit diesem durchgeht und der Hund nicht nur einem anderen Tier schaden, sondern sich auch selbst verletzen oder gar sein Leben verlieren könnte.

Simone machte mich mit dem „Jagdersatztraining" bekannt. Dieses bewährte Konzept wird auf der ganzen Welt angewandt: Jagdhundetrainer sind überall in der Lage, den Jagdinstinkt ihrer Hunde zu ihrem Vorteil zu nutzen. Ein Jagdhundetrainer versucht nicht, seinem Hund den Jagdinstinkt abzugewöhnen. Vielmehr wird der Jagdtrieb als etwas angesehen, das gepflegt und gefördert werden sollte. Ein guter Trainer hat die volle Kontrolle darüber, wann der Jagdinstinkt seines Hundes anspringt und wann nicht. Wie kann jeder Hundebesitzer dieses Niveau erreichen?

Die Übungen, Spiele und Konzepte, die Simone anwendet, zielen genau auf diese Kontrolle des Jagdinstinkts ab. Das Besondere an ihrer Methode ist die Art und Weise, wie die Trainer mit den Hunden umgehen. Statt mit „Das darfst du nicht, Fido" als Spielverderber aufzutreten und den Hund von seinen natürlichen Instinkten abzuhalten, lautet das Credo: „Lass uns das zusammen machen, Fido". Nur so lässt sich im Laufe der Jahre eine gute Balance finden und Kontrolle erlangen. Denn: Der Jagdtrieb lässt sich auf Dauer nicht verleugnen oder ganz abtrainieren.

Der Jagdtrieb ist bei Hunden unterschiedlich stark ausgeprägt. Es gibt Hunde, die gerne Fährten verfolgen, Hunde, für die das Reißen den Höhepunkt der Jagd darstellt und Hunde, die sich gerne anschleichen. In welche Kategorie dein Hund fällt, hängt von seiner Genetik, seinen bisherigen Erfahrungen und seinen persönlichen Vorlieben ab.

Ich habe in der Vergangenheit viel Zeit damit verbracht, meinen Hunden einen verlässlich funktionierenden Rückruf beizubringen, zu üben und zu festigen. Es hat durchaus funktioniert. Aber ich habe mir an dieser Stelle nichts vormachen können: Der Abbruch einer Eichhörnchenjagd war für meine Hunde mehr als enttäuschend und es bedurfte großer Anstrengung und viel Training, um den Rückruf zu etablieren und vor allem das Gelernte stabil zu halten. Mit meinen Rhodesian Ridgebacks wechselte ich schließlich zu Simones Konzept. Ich lernte, meine Trainingsmethoden zu ändern und den natürlichen Tanz meiner Hunde mit ihrer Beute zu verlangsamen, anstatt ihn zu abzutrainieren. Heute schaue ich meinen Hunden zu, wie sie jede Sekunde genießen, in der sie den Wald riechen, fühlen und sehen können. Ich schaue ihnen zu, wie sie sich langsam an das Wild heranpirschen, wie sie mir voller Freude die mögliche Beute zeigen, um dann still zu stehen und mit jedem Muskel bereit zu sein, den Instinkt ihrer Vorfahren zu entfesseln - diese Erfahrung war ein Durchbruch im Training! Es bestand kein Zweifel daran, wie sehr meine Hunde diesen Moment lieben. Und das Beste daran ist: Ich darf ihn mit ihnen teilen.

Die Einblicke, die Simones Training in die Gedankenwelt der Hunde ermöglicht, sind atemberaubend. Über einem Gin - oder zwei - haben wir viel Zeit mit diesem Thema verbracht. Ich werde nie den Moment vergessen, in dem ich mit Simone und meinem Ridgeback Tiger gearbeitet habe. Tiger beobachtete in aller Ruhe ein Reh - und das Reh beobachtete Tiger. Die beiden so unterschiedlichen Tiere schienen regelrecht von ihrem gegenseitigen Anblick hypnotisiert. Nach einer gefühlten Ewigkeit kam das Reh langsam auf uns zu. Tiger bewegte sich nicht von der Stelle und die beiden, Hund und Reh, standen sich Nase an Nase gegenüber und verharrten einen Moment lang in Stille. Nur durch einen dünnen Maschendrahtzaun getrennt, schienen sich die beiden in keiner Weise bedroht zu fühlen, sondern beäugten sich nur neugierig. Nach einem Moment, in dem keiner von uns zu atmen wagte, drehte sich das Reh um und trottete davon. Tiger sah sich zu Simone und mir um, als wolle er sagen: „Habt ihr das gesehen?" Erst da wagten Simone und ich wieder zu atmen.

Ich hoffe sehr, dass dir dieses Buch gefällt und du genauso viel daraus lernst wie ich.

Claire Staines
PCT-A
VSPDT

Tiger

EINFÜHRUNG

Leben mit dem Jagdinstinkt des Hundes

Kennst du diese Situation?

Dein Hund schnüffelt am Boden und reagiert nicht auf deine verzweifelten Versuche, ihn zu dir zu rufen. Plötzlich bleibt er stehen. Auf der anderen Seite des Feldes hat dein Hund ein Kaninchen entdeckt und du ahnst schon, dass du verloren hast. Er hetzt los, das Kaninchen hetzt los – und du stehst in der Mitte des Feldes, rufst, pfeifst und versuchst alles, worauf dein Hund normalerweise hört - aber vergeblich. Deine Brust wird eng, denn langsam steigt echte Angst in dir auf. Schließlich ist eine viel befahrene Straße in der Nähe und im Wald oder auf dem Feld könnte dein Hund einem wütenden Bauern oder einem schießwütigen Jäger begegnen.

Erst nach einer gefühlten Ewigkeit kommt dein Hund endlich zu dir zurück. Während er pure Freude ausstrahlt, zittern dir immer noch die Knie. An seinen glänzenden Augen und seiner aufgeregten Körpersprache kannst du ablesen, dass dein Hund im Gegensatz zu dir eine tolle Zeit hatte. Für deinen Hund war der kleine ungeplante Ausflug WUNDERSCHÖN! Aber für dich war es eine Katastrophe. Du fühlst einfach nur Erleichterung, dass dein Hund ohne einen Kratzer zurückgekommen ist. Aber da ist auch eine schleichende Angst, die nicht weichen will: Was ist, wenn es wieder passiert und nicht alles so glimpflich abläuft?

Noch im Jahr 2002 war mir das beschriebene Szenario nur allzu vertraut. Ich verbrachte meine Zeit damals mit meinem ersten Hund, einer Hündin namens Malinka. Ich erinnere mich noch gut an das Jagen, das Rufen, das Bangen und die Frustration, wenn sie nicht auf mich hörte. Auch die Erleichterung, die ich jedes Mal empfand, wenn sie unversehrt zurückkam, kann ich heute noch nachfühlen.

Malinka war ein wunderschöner schwarzer Mischlingshund - halb Australian Shepherd, und damit es nicht langweilig wird, waren eine Reihe anderer Hunderassen eingekreuzt worden. Auf unseren Spaziergängen merkte ich sehr schnell, dass Malinka leidenschaftlich gerne jagte. Um ihren Jagdinstinkt zu wecken, brauchte es nicht einmal ein echtes Wildtier. Ein verdächtiger Geruch oder das Knacken eines Astes genügten, um Malinka in den K´Jagdmodus zu versetzen. Sie lebte für diese Momente absoluter Wachsamkeit und schien bei jedem Spaziergang voller Hoffnung auf eine Jagd auf eine mögliche Beute zu sein.

Bei den meisten konventionellen Trainingsmethoden ist der Mensch (also du und ich) am Ende der lästige Faktor, der den Spaß verdirbt. Bei diesen Methoden wird das Jagdverhalten des Hundes in der Regel durch Unterbrechung des Verhaltens gestoppt. Nicht selten geschieht dies durch eine Form der Bestrafung. Diese Strafen können ein Elektrohalsband (in Deutschland in der Anwendung zum Glück verboten), eine Sprühflasche oder auch nur der Rückruf und das Anleinen sein. All diese Dinge beenden den Spaß deines Hundes – und sie sind deinem Hund entsprechend alles andere als willkommen. Die Folge ist eine Ablehnung der Unterbrechungen und eine Ablehnung der Person, die sie verursacht, was bedeutet, dass dein Hund anfängt dich abzulehnen. Der Grund für diese Ablehnung ist, dass jede dieser Bestrafungsmethoden dem Wesen unserer Hunde widerspricht: Sie wollen jagen!
Bei Malinka merkte ich schnell, dass ich nicht mit harten Strafen mit ihr arbeiten wollte. Um ihr ein Ventil für ihren Jagdinstinkt zu geben, begann ich mit ihr Spiele zu spielen, die das Jagdverhalten imitieren sollten. Im Laufe der Jahre änderte ich einige der Spiele ab, lernte neue von gleichgesinnten Trainern und entwickelte sie schließlich für die Hun-

de meiner Kunden weiter, die den gleichen Jagdeifer zeigten wie meine Malinka. Die positiven Erfahrungen mit dieser Trainingsmethode haben mich schließlich dazu bewogen, dieses Buch zu schreiben, das du nun in den Händen hältst. In diesem Buch möchte ich meine Trainingsmethoden mit dir teilen und hoffe, dass du und dein Hund genauso viel Freude daran haben werden wie Malinka und ich.

Die in diesem Buch beschriebenen Trainingsmethoden lassen sich leicht in den Alltag integrieren und sind ein effizienter Weg, um das Jagdverhalten des Hundes unter Kontrolle zu bekommen. Meine Erfahrung hat gezeigt, dass diese Trainingsmethode bei fast allen Hunden zu einer positiven Entwicklung führt und ein sicheres Ventil für den Drang zum Jagen bietet. Entscheidend dabei ist, dass dies ohne unkontrolliertes Hetzen des Hundes und ohne Sorgen deinerseits einhergeht. Diese und alle anderen in diesem Buch beschriebenen Trainingsmethoden sind frei von Zwang und Bestrafung. Stattdessen wird spielerisch trainiert. Unerwünschtes Verhalten wird korrigiert, und dir wird gleichzeitig die Möglichkeit gegeben, die Beziehung zu deinem Hund zu verbessern.

Das Spielen von Jagdersatzspielen hielt Malinka davon ab, wegzulaufen und Wildtiere zu hetzen oder vermeintlichen Fährten zu folgen. Stattdessen konzentrierte sie sich bei unseren Spaziergängen nun auf mich und erwartete nun genauso freudig auf meine Jagdersatzspiele, wie sie früher die Jagd selbst erwartet hatte. Ein Problem blieb jedoch zunächst bestehen. So sehr ich mich auch bemühte, sie konnte einer guten Jagd dann nicht widerstehen, wenn sich die Gelegenheit in Form eines Rehs, eines Kaninchens oder einer Katze bot. Es dauerte Jahre, bis Malinka und ich den echten Durchbruch schafften. Aber durch das konsequente Erlernen und Anwenden des Jagdersatztrainings konnte ich ihren Jagdinstinkt schließlich vollständig unter Kontrolle bringen.

Was ist Jagdersatztraining?

Der Begriff „Jagdersatztraining" (JET) umfasst nicht nur das spielerische Training, sondern auch Methoden, die den natürlichen Jagdinstinkt erhalten, ohne außer Kontrolle zu geraten. Durch die Anwendung des Jagdersatztrainings bist du in der Lage, das gefährliche Jagdverhalten deines Hundes in ein harmloses, auf den Besitzer bezogenes Spiel umzuwandeln und damit sicherzustellen, dass der Jagdinstinkt auf sichere und kontrollierte Weise ausgelebt werden darf. Anstatt das Jagdverhalten deines Hundes zu unterbrechen und ihm den Spaß zu beenden, darf er den sicheren Teil des Jagdverlaufs mit dir gemeinsam erleben. Er darf sich anpirschen, aber das Hetzen des Wildes entfällt. Auf diese Weise kann dein Hund immer noch das tun, was seine Ahnen vor ihm zum Überleben brauchten und was deshalb tief in seinen Instinkten verankert ist: Jagen!

Ich wende die Methoden des Jagdersatztrainings nun schon seit einigen Jahren erfolgreich an. Nanook, mein 10-jähriger Australian Shepherd, war früher ein richtiger Jäger. Durch JET ist er stattdessen zu einem leidenschaftlichen Pirscher geworden. Anstatt ins Volle zu gehen und das Wild zu hetzen, kann er sich jetzt einfach hinsetzen und ein laufendes Reh auf dem Feld visuell verfolgen, während er dabei aber an meiner Seite bleibt. Wir brauchen uns an dieser Stelle nichts vorzumachen: Jagen ist für unsere Hunde reines Glückserleben. Und nun stell dir vor, du könntest dieses Gefühl von Freude, Erfüllung und Motivation, das dein Hund bei der Jagd empfindet, für ein sinnvolles Training nutzen und die Bindung zu deinem tierischen Begleiter vertiefen. Das ist nicht nur möglich – es ist auch klug!

Bevor wir in Praxis und Theorie einsteigen, möchte ich zunächst noch eines betonen. Das Jagdersatztraining hat bei meinen eigenen Hunden und bei den Hunden meiner Kunden sehr gut funktioniert, aber du solltest dir im Klaren darüber sein, dass es keine schnelle Lösung ist, die deinen Hund von heute auf morgen vom Jagen abhält. Wie bei anderen bewährten Trainingsmethoden auch, braucht das Jagdersatztraining viel Übung, Wiederholung und Training, um die Methoden zu erlernen und durch positive Rückmeldung zu verstärken und zu festigen. Dabei wird jeder tägliche Spaziergang zu einer eigenen Trainingseinheit. Die gute Nachricht: Die Ergebnisse dieses fairen, motivationsbasierten und bedürfnisorientierten Trainings sind erstaunlich. Wird JET in konsequentem Training erfolgreich umgesetzt, so wird dein Hund auch in der Gegenwart von Wildtieren nicht mehr unkontrolliert seinem Jagdinstinkt folgen. Stattdessen wird er auf deinen Rückruf reagieren und seine eigene Freude an der Jagd mit dir teilen. So könnt ihr den sicheren Teil der Jagd gemeinsam erleben. Nichts schweißt Herrchen und Hund besser zusammen!

In diesem Trainingsprogramm findest du alle Trainingstechniken und -methoden, die du brauchst, um den Jagdinstinkt deines Hundes erfolgreich zu bändigen, ganz ohne Einschüchterung, Schmerz oder Angst.

- Du wirst verstehen, was Jagdverhalten ist und warum dein Hund die Jagd so sehr liebt.
- Du bekommst Jagdersatz-Tools an die Hand, um deinen Hund in Gegenwart von Wildtieren durch positive Verstärkung zu kontrollieren. So kann dein Hund mit dir zusammen innehalten und das Erlebte genießen, statt dem Wild hinterher zu hetzen.
- Du lernst mehrere bedürfnisorientierte Jagdersatzspiele kennen, die ein sicheres Ventil für die jagdliche Energie deines Hundes bieten.

- Nicht zuletzt zeige ich dir ein Signal, dass unerwünschtes Verhalten des Hundes sofort unterbricht und damit den Drang, einem Wildtier hinterher zu jagen, unterbindet.

Was musst du dafür tun? Alles was du brauchst, ist Aufgeschlossenheit beim Erlernen dieses motivationsbasierten, wissenschaftlich fundierten Ansatzes und die Freude an der Arbeit mit deinem Hund.

Also fülle deinen Leckerli-Beutel mit Hundeleckerlis und hol die liebsten Spielzeuge deines Hundes heraus. Es kann losgehen!

Jagdverhalten -
warum ist es schwer zu händeln?

Es ist nicht einfach, das Jagdverhalten eines Hundes zu kontrollieren. Warum ist das so? Ein gesundes Jagdverhalten war für die Vorfahren unserer Hunde die einzige Möglichkeit zu überleben. Auch wenn unsere Hunde in der Regel zweimal am Tag ihren Napf mit Futter bekommen, treiben ihre Gene sie immer noch dazu an, zu jagen, um zu überleben. Dieses Verhalten entsteht aus einer intrinsischen Motivation heraus, über die sie keine Kontrolle haben - so wie wir unser Bedürfnis nach Sicherheit, Wasser oder Schlaf nicht kontrollieren können.

Das ist auch der Grund, warum sich das Jagdverhalten eines Hundes so hartnäckig der Erziehung widersetzt: Es ist genetisch verankert. Daher ist es auch unmöglich, diesen Instinkt abzutrainieren. Dein Hund kann sich den Jagdtrieb nicht abgewöhnen, genauso wenig wie wir uns abgewöhnen können, nicht mehr zusammenzuzucken, wenn wir uns erschrecken. Auch chirurgische Eingriffe wie die Kastration, die manchmal bei anderen unerwünschten Verhaltensweisen unterstützen können, helfen nicht. Genetisch verankerte Verhaltensweisen lassen sich nie vollständig abtrainieren. Loswerden kann man es also nicht – aber zum Glück lässt es sich lenken.

Jagdverhalten wird durch Lernen und Erfahrung perfektioniert. Unsere Hunde werden durch Üben erfolgreicher in ihrem Jagdverhalten. Da wir erfolgreiches Jagen verhindern wollen: Heißt das nun, dass Hunde nie die Gelegenheit haben sollten, ihren Jagdtrieb auszuleben? Die Antwort darauf lautet sowohl „Ja" als auch „Nein". Ja, sie sollten daran gehindert werden, allein ihrem Jagdtrieb zu folgen und ein Wildtier zu hetzen. Aber die Antwort lautet auch „Nein", denn sie sollen die Möglichkeit haben, den sicheren Teil der Jagd in einer sicheren Umgebung und kontrolliert auszuleben. Ohnehin wird keine noch so strenge Prävention deinen Hund davon abhalten können, sein Jagdverhalten auszuüben: Es ist ein so tief verwurzeltes Verhalten, dass man es nie ganz „abstellen" kann.

Jagen ist also ein ureigenes Bedürfnis des Hundes, das jeden Hund, unabhängig von Alter oder Rasse, antreibt. Problemlösungs-, Futtersuch- und Jagdverhalten sind in einem Teil des Hundegehirns fest verankert. Der Neurowissenschaftler und Psychobiologe Jaak Panksepp bezeichnet diesen Teil des Hundegehirnes als „SEEKING-System". Dabei handelt es sich um ein zentrales emotionales System, das dem Hund hilft, die für sein Überleben notwendigen Ressourcen zu finden. Das SEEKING-System ist auch mit der Erwartung einer positiven Belohnung verbunden. Wird es aktiviert, erwartet unser Hund, dass etwas Gutes passieren wird. Gleichzeitig wird die Erinnerung daran aktiviert, wie sich dieses „Gute" in vorangegangenen Situationen angefühlt hat und wie wunderbar er sich bei diesem Erlebnis gefühlt hat. Auch Menschen legen ein solches antizipiertes Verhalten an den Tag. Der Nervenkitzel eines möglichen Gewinns lässt uns gegen alle Vernunft Lotto spielen. Der Nervenkitzel einer möglichen Beute lässt den Hund auf die Jagd gehen. Ist das SEEKING-System erst einmal aktiviert, fällt es deinem Hund schwer, an etwas anderes zu denken. Bieten wir unseren Hunden also nichts an, was dieses SEEKING-System aktiviert, so fangen sie an, sich unerwünschtes Verhalten anzugewöhnen, weil sie die erwartete Belohnung woanders suchen.

Bei manchen Hunden ist der Jagdtrieb stärker ausgeprägt als bei anderen, aber für alle Hunde gilt: Ihn vollständig zu unterdrücken ist so, als würde man einen Deckel auf einen Topf mit kochendem Wasser drücken. Der Druck im Topf steigt. Natürlicherweise findet der Hund dann ein Ventil für diesen Überdruck. Entweder geht er allein auf die Jagd oder er fängt an, Ersatzhandlungen auszuführen. So beginnen manche Hunde in einer solchen Situation Fahrräder zu jagen, Katzen nachzustellen oder – zum Leidwesen ihrer Besitzer – Sofakissen zu zerfetzen.

Warum gewöhnen sich Hunde ein „Ersatzverhalten" an? Dieses Verhalten entsteht, weil sich das Jagen einfach gut anfühlt! Während der Jagd schüttet das körpereigene System des Hundes Neurotransmitter wie Dopamin und Adrenalin aus – zwei Botenstoffe, die ähnlich wie Drogen wirken. Die Kombination von Dopamin und Adrenalin versetzt den Hund in einen euphorischen Zustand, kurz gesagt: Er wird „high", nicht viel anders als ein Mensch, der Drogen einnimmt.

Wichtig für dich ist es, zu verstehen, was den Jagdtrieb auslöst. Die jagdliche Motivation wird durch verschiedene Reize getriggert, dazu gehören auditive, olfaktorische (geruchliche) und visuelle Reize der Umgebung. Die Tatsache, dass verschiedene Sinne des Hundes für den Jagdinstinkt verantwortlich sind, kannst du im Training zu deinem Vorteil nutzen.

Warum ich keine aversiven Trainingsmethoden verwende

Viele Hundehalter verwenden aversive Trainingsmethoden wie Sprühhalsbänder oder Scheiben/ Rasseldosen, um ihren Hunden das Jagen abzutrainieren. All dies geschieht vermeintlich im besten Interesse des Hundes. Schließlich lieben zum Glück nahezu alle Hundehalter ihre Vierbeiner und wollen ihnen weder Schmerzen zufügen noch Angst einjagen. Dennoch scheint es für viele unumgänglich, aversive Trainingsmethoden zu nutzen. Aber: Es geht auch anders.

Ist es also tatsächlich möglich, ein so ausgeprägtes und tief verwurzeltes Verhalten wie das Jagdverhalten eines Hundes ohne den Einsatz aversiver Techniken, die den Hund verletzen oder erschrecken sollen, in den Griff zu bekommen?

Wenn auch du in der Ausbildung deines Hundes die oben genannten Hilfsmittel als Strafe einsetzt, kann dir das Jagdersatztraining helfen, deren Einsatz zu reduzieren und schließlich ganz darauf zu verzichten.

Wenn du bei der Hundeerziehung ein ausgewogenes Verhältnis zwischen sanfter Erziehung und Lob anstelle von aversiven Methoden anwendest, hilft dir JET dabei, deinen Hund besser zu verstehen und einen Gehorsam zu erreichen, der freiwillig und nicht aus Angst vor Repressalien erfolgt.

Ein weiterer Faktor, der die Erziehung mittels Schmerzes in Bezug auf Jagdverhalten erschwert, ist die Ausschüttung des Neurotransmitters Acetylcholin. Dieser Neurotransmitter wird ausgeschüttet, sobald dein Hund in den Jagdmodus wechselt. Dies war für die Vorfahren unserer Hunde überlebenswichtig, denn Acetylcholin setzt die Schmerzempfindlichkeit deines Hundes herab. Dies befähigt den Hund auch dann noch weiter zu jagen, wenn er selbst verletzt ist, um seine Beute nicht zu verlieren. Selbst schwere Verletzungen spürt der Hund während des Jagens mitunter nicht.

Nun kommt der Mensch und möchte den Hund mit einem E-Halsband erziehen, das bestenfalls ja „nur ein Kribbeln verursacht, das für den Hund nicht schmerzhaft ist." Aus wissenschaftlicher Sicht ist eine solche Erziehung für das Jagdverhalten sinnlos, da der Hund dieses leichte Kribbeln während der Jagd gar nicht mehr spürt. Damit das E-Halsband zu ihm durchkommt, müsste es einen wirklich schmerzhaften Impuls von sich geben. Und selbst dann ist nicht gesagt, dass der Hund darauf reagiert, denn sein System ist darauf ausgelegt, Schmerzen während der Jagd zu unterdrücken. Das bedeutet: Selbst ein starker Schmerz hält deinen Hund unter Umständen nicht vom Jagen ab. Im schlimmsten Fall führt dies zu einem Teufelskreis: Der Schmerz muss immer heftiger werden, um nicht erfolglos zu bleiben, und durch den immer stärker werdenden Schmerz, den du deinem Hund zufügen musst, wird die Beziehung zwischen euch geschädigt.

So verlockend eine schnell wirksame Methode wie Schmerz auf den ersten Blick erscheinen mag: Es besteht leider ein Risiko, dass diese Erziehungsmethode nach hinten losgeht.

Gründe, warum ich in meinem Training keine aversiven Trainingsmethoden verwende:

Zunächst einmal muss dein Timing perfekt sein. Bist du dir hundertprozentig sicher, dass du den Moment erwischt hast, in dem dein Hund die Katze auf der Straße ansieht und nicht das Kind neben der Katze? Der Schmerz wird der tatsächlichen Reizwahrnehmung des Hundes verbunden, nicht mit dem, was du in diesem Moment glaubst, was dein Hund gerade wahrnimmt. Im Gehirn des Hundes werden also Schmerz und Reiz miteinander verknüpft. Dieser Vorgang funktioniert aber nur dann zuverlässig, wenn er absolut präzise ist. Tritt der Schmerz mal ein, wenn er eine Katze anschaut und mal, wenn er ein Kind anschaut, so wird entweder beides mit dem Schmerz verbunden – oder aber es tritt Verwirrung ein. Es gibt Fälle, in denen ein einmaliger Schmerz ausreicht, um die Verbindung dauerhaft herzustellen. Erwischst du also hier den falschen Moment, kann es passieren, dass der Hund plötzlich Angst vor Kindern hat, weil er deren Anblick mit Schmerz verbindet. Dieser Prozess ist als „Ein-Versuch-Lernen" bekannt, ähnlich wie wenn du einmal in deinem Leben eine heiße Herdplatte berührst. Diesen Fehler machst du vermutlich kein zweites Mal und bei deinem Hund ist das nicht anders. Stell dir also nun vor, dein Timing bei der Korrektur war für deinen Hund falsch und er glaubt nun, dass der Schmerz mit dem Anblick des Kindes zusammenhängt. Die Gefahr ist groß, dass er nun anfängt, Kinder zu hassen oder große Angst vor ihnen zu haben.

Ein weiterer Grund, warum ich keine Aversiva verwende, ist die Tatsache, dass der Schmerz stark genug sein muss, um einen Effekt zu haben und deinen Hund davon abzuhalten, das Verhalten zu wiederholen. Wenn du nur mit leichtem Schmerz arbeitest oder Angst davor hast, deinen Hund zu verletzen oder ihm nicht wirklich weh tun möchtest, dann wird dein Hund lernen, diese lästige „Störung" zu überwinden, denn er weiß: Schlimmer wird es nicht. Hat dein Hund erst einmal gelernt, dass der Schmerz einfach verdrängt und überwunden werden kann, dann wird die Methode als Erziehungsmethode unbrauchbar. Schlimm daran ist vor allem, dass ihr so in einen Kampf gegeneinander geratet. Dein Hund ignoriert dich, du kämpfst dagegen an, in dem du angreifst. Reagiert dein Hund nicht, bist du gezwungen, die Aggressivität deines Angriffs zu erhöhen. So landest du mit deinem Hund schnell in einer schädlichen Spirale.

Ein weiterer Punkt ist, dass die Konditionierung durch Bestrafung die Emotionen deines Hundes beeinflusst. Es kommt zu einer so genannten „konditionierten emotionalen Reaktion" (CER - conditioned emotional response). Selbst wenn dein Timing bei der Korrektur perfekt war, könnte dein Hund den Schmerz, die Angst und die Frustration, die er bei der Bestrafung empfunden hat, mit dem Reiz verbinden, den er in diesem Moment gesehen hat. Statt beim Anblick der Katze in einen Jagdmodus zu springen, ändern sich seine Emotionen und er empfindet nun Angst oder Wut, wenn er eine Katze sieht. Im schlimmsten Fall versucht dein Hund beim nächsten Mal sogar, die Katze zu töten, weil sie zum „Feind" geworden ist, der deinem Hund „wehgetan" hat.

Der letzte Punkt ist der Zusammenhang zwischen Reiz und Strafe. Wird diese Verbindung nicht ganz klar hergestellt, besteht die Gefahr, dass dein Hund sich in Zukunft weigert, mit dir zu arbeiten. Wenn dein Hund lernt, dass du ihm Schmerzen zufügst, kann es passieren, dass er misstrauisch gegenüber deinen Absichten wird und selbst ein einfaches Tricktraining zu Hause kann zur Herausforderung werden. Mit anderen Worten: Schmerz oder Angst einzusetzen, um einen Hund dazu zu bringen, ein bestimmtes Verhalten an den Tag zu legen, ist kontraproduktiv. Der Schock sagt dem Hund zwar: „Das war falsch", aber er sagt ihm nicht, was richtig ist - und das verunsichert ihn. Wenn du auf diese Weise kommunizierst, verpasst du die Möglichkeit, eine positive Verstärkung in die richtige Richtung einzubauen. Unsere Hunde wissen nicht, welches Verhalten wir für richtig oder falsch halten. Für sie ist ein Verhalten einfach nur ein Verhalten. Mit unserem Training „verstärken" wir dieses Verhalten. Das kann negative oder positive Verstärkung sein. Bei negativer Verstärkung sagen wir nur „Nein!", aber wir sagen nicht, was richtig wäre. Das bedeutet für den Hund Stress, denn er möchte er uns ja eigentlich gerne gefallen, aber er weiß nun nicht wie. Mit diesem Stress gehen wir das Risiko ein, dass unser Hund Ängste im Zusammenhang mit dem Training entwickelt. Angst beim Training führt zu einer ständigen Anspannung des Hundes und zu psychosomatischem Stress. Daraus resultierend können sich Krankheiten, wie Hauterkrankungen, Magenprobleme oder auch selbstschädigendes Verhalten entwickeln.

In einigen Ländern sind Schockhalsbänder aus den oben genannten Gründen sogar verboten. In Dänemark, Norwegen, Schweden, Österreich, der Schweiz, Slowenien, Deutschland, Wales, Frankreich, Quebec und Teilen Australiens verstoßen diese gegen das Tierschutzgesetz. Auch der Gesetzgeber hat also erkannt, dass Erziehung durch Schmerz, Einschüchterung und Angst in der Hundeerziehung unethisch ist. Ich persönlich würde mich niemals dafür entscheiden, meinen besten Freund und mein Familienmitglied auf diese Weise zu behandeln, wenn es weniger invasive Alternativen gibt.

Als Hundehalter müssen wir also kreativer werden, um das Jagdverhalten der Hunde in den Griff zu bekommen und als Hund und Mensch zusammenzuarbeiten, statt uns im Training als Gegner gegenüber zu stehen.

Hier ist eine kleine Übung für dich:
Nimm dir eine Minute Zeit, um darüber nachzudenken.

- Was hast DU bisher ausprobiert, um das Jagdverhalten deines Hundes in den Griff zu bekommen?
- Waren diese Maßnahmen wirksam?
- Haben die Maßnahmen deine Beziehung zu deinem Hund beeinflusst?

Auch wenn du deine Trainingstechniken verbesserst und änderst, wird dir die Analyse deiner bisherigen Erfolge und Misserfolge dabei helfen, deine ersten Schritte mit JET erfolgreicher zu machen.

Neue Wege im Umgang mit Jagdverhalten

Der auf den folgenden Seiten beschriebene Prozess ermöglicht es dir, das Jagdverhalten deines Hundes zu verstehen und erfolgreich in eine konstruktive Bindung zu dir umzugestalten. Das Training nutzt Motivation als Verstärker und setzt sich aus vier gleichwertigen Aspekten zusammen. Für ein erfolgreiches Training müssen daher alle Aspekte gleichermaßen berücksichtigt werden. Lässt du einen Teil aus, wird der ganze Prozess weniger erfolgreich verlaufen.

1. Management und Prävention

Management und Prävention sind Teil des täglichen Spaziergangs. Ziel ist es, dass dein Hund insgesamt ruhiger wird und sich mehr auf dich konzentriert, auch wenn ihr zusammen unterwegs seid und die Umgebung ablenkend und aufregend ist. Dieses Ziel wird erreicht, indem du deinem Hund beibringst, mit dir in Kontakt zu bleiben, anstatt alleine loszuziehen. Dies sollte im Verlauf des Trainings zu einer Selbstverständlichkeit zwischen euch werden und erfordert eine ständige positive Verstärkung deinerseits. Das bedeutet nicht, dass dein Hund ständig an deiner Seite bleiben muss und keinen Schritt von dir weichen darf. Er darf schnüffeln und laufen, aber du ermutigst ihn durch dieses Training, sich immer wieder bei dir zu „melden". Dein Hund soll also seine kleinen Ausflüge machen, was auch für seine seelische Gesundheit wichtig ist, aber er soll sich immer wieder an dir orientieren. Allein schon diese wiederkehrende Rückmeldung bei dir kann dazu beitragen, sein Jagdverhalten kontrollierbarer zu machen. Du bist näher an deinem Hund und kannst schneller eingreifen. Wenn du deinem Hund beibringst, in Momenten mit wenig Ablenkung mit dir zu arbeiten, wird er sich auch in Momenten mit viel Ablenkung mehr an dir orientieren.

2. Sichere Abläufe der Jagd mit deinem Hund gemeinsam erleben

Mit den Jagdersatz-Methoden kannst du mit deinem Hund sichere Teile der Jagdverhaltenskette gemeinsam erleben. Diese Methoden kannst du dann auch in realen Jagdsituationen anwenden, z.B. wenn ihr auf eurem Spaziergang einem Wildtier begegnet. Solange sich dein Hund noch im „denkenden Zustand" befindet, ist er auch noch in der Lage, auf deine Signale zu reagieren und auf dich zu hören. Innerhalb dieses Zeitrahmens ist der richtige Moment, um Methoden des Jagdersatztrainings anzuwenden.

3. Ventil durch Jagdersatzspiele

Mit den Jagdersatzspielen kannst du deinem Hund ein „Ventil" für seinen Jagdtrieb geben. Spiele diese Spiele täglich für etwa drei bis fünf Minuten. Schon diese kurze Zeit kann ausreichen, um deinen Hund beim Anblick einer echten potenziellen Beute zu ruhiger werden zu lassen und seine natürlichen Bedürfnisse anderweitig zu befriedigen.

4. Notfall-Signal als Sicherheitsnetz

Indem du ein starkes Notfall-Signal etablierst, das unerwünschte Hetzjagden sofort unterbricht, bekommst du mehr Kontrolle über das Jagdverhalten deines Hundes. Übe dieses Signal mindestens einmal pro Woche, um auf den Ernstfall vorbereitet zu sein. Dieses Signal kann dann eingesetzt werden, wenn du auf etwas Unerwartetes triffst oder wenn etwas sehr schnell auftaucht. Zum Beispiel eine Katze, die unter einem geparkten Auto hervorrennt. Oder ein Eichhörnchen, das in der Nähe auf einen Baum klettert. Grundsätzlich gilt:

Wenn du dich in einer Situation befindest, in der dein Hund nicht mehr klar denken kann, musst du dieses Notsignal einsetzen und einen sicheren Abstand zwischen ihm und dem Wildtier schaffen, damit dein Hund mit seinen Gedanken zu dir zurückkommen kann.

<u>Anmerkung zur Unterbrechung und zum Rückruf:</u>

In diesem Buch beschreibe ich ein Training, das in erster Linie eine sofortige Verhaltensunterbrechung ist. Ist dein Hund von dir entfernt, gibt es den „Raketen-Rückruf", den ich in einem zweiten Buch beschreibe. Dieser Rückruf ist sehr komplex, daher habe ich ihm ein eigenes Buch gewidmet. An dieser Stelle gehe ich nicht näher darauf ein, aber du bist herzlich eingeladen, dir die Leseprobe am Ende des Buches anzuschauen, die den ersten Teil des zweiten Buches darstellt.

Die meisten herkömmlichen Trainingsmethoden konzentrieren sich nur auf den ersten und vierten Aspekt: Management und Prävention sowie das Unterbinden von unerwünschtem Jagdverhalten. Um dauerhafte Ergebnisse und echte Veränderungen zu erzielen, solltest du aber einen ganzheitlicheren Ansatz verfolgen und nicht nur auf das Verhalten deines Hundes reagieren.

Was sind die Vorteile eines ganzheitlichen Ansatzes?

Das Jagdersatztraining dient in erster Linie der körperlichen und geistigen Auslastung des Hundes. Die Spaziergänge werden auf eine Weise genutzt, die seinen ursprünglichen Instinkten und Bedürfnissen entspricht. Kann dein Hund regelmäßig die sicheren Teile der Jagd mit dir zusammen erleben, reduziert sich sein Wunsch, alleine auf die Jagd zu gehen. So kommst du in die angenehme Lage, ihn auch in kritischen Situationen unter Kontrolle halten zu können – auch dann, wenn beispielsweise vor euch ein Reh direkt über den Weg springt.

Da eure gemeinsame Aktivität für den Hund nun an sich schon befriedigend ist, verbindet er auch positive Gefühle mit dir. Du bist nicht mehr der „lästige Faktor", der den Spaß verdirbt. Stattdessen wirst du zu der Person, die es ihm ermöglicht, eine „erfolgreiche Jagd" zu erleben. Dieses veränderte Erleben deines Hundes wirkt sich positiv auf eure Beziehung aus.

Beim Jagdersatztraining werden die einzelnen Teile der Jagdverhaltenskette auf ein Signal hin trainiert. So hast du vielfältige, hochwertige Belohnungsmöglichkeiten für deinen Hund, die das Hetzen von Wildtieren für ihn unattraktiver machen und den Rückruferfolg verbessern.

Jagdersatztraining in der Praxis

- Anstatt als Ersatz für den Jagderfolg einen trockenen Keks anzubieten, darf dein Hund tun, was er am liebsten tun will: Teile des Jagdverhaltens ausleben.
- Anstatt das aufgetauchte Kaninchen zu hetzen, pirscht dein Hund sich nur visuell mit dem Blick an.
- Anstatt einem Reh im Wald hinterherzulaufen, darf dein Hund das Wittern des Rehs ausgiebig genießen.
- Anstatt dem Eichhörnchen hinterherzulaufen, darf dein Hund die Stelle suchen, an der das Eichhörnchen den Weg gekreuzt hat, und er darf sie dir voller Stolz zeigen!

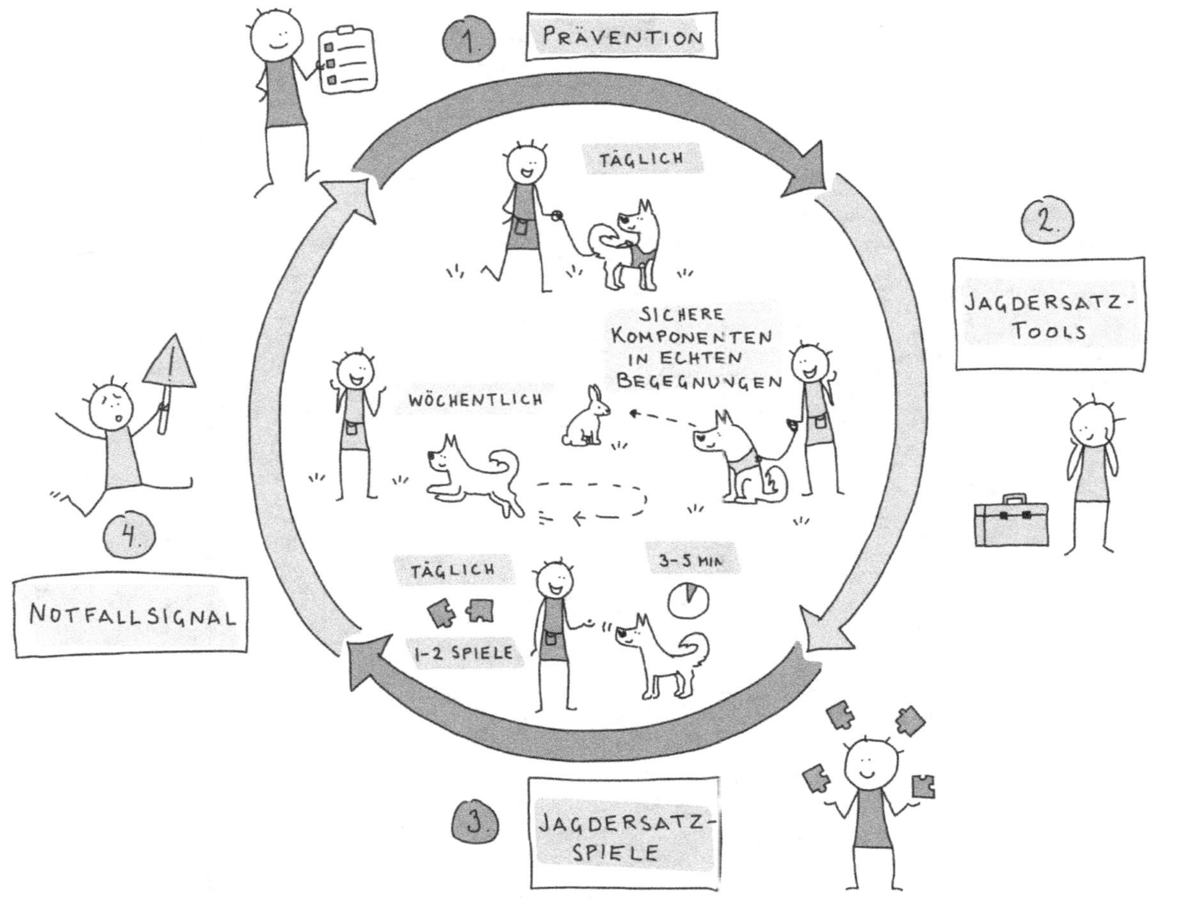
1. PRÄVENTION
2. JAGDERSATZ-TOOLS
3. JAGDERSATZ-SPIELE
4. NOTFALLSIGNAL
TÄGLICH
SICHERE KOMPONENTEN IN ECHTEN BEGEGNUNGEN
WÖCHENTLICH
TÄGLICH
3-5 MIN
1-2 SPIELE

Für welchen Einsatz eignet sich Jagdersatztraining – und für welchen nicht?

Ich bin oft gefragt worden, ob es Situationen gibt, in denen JET nicht geeignet ist, und wie man diese Situationen erkennt. Die Antwort ist: Ja, es gibt Situationen, in denen du JET entweder aus Sicherheitsgründen oder aus psychologischen Gründen nicht anwenden solltest. Diese schauen wir uns in diesem Kapitel an.

Grundsätzliches vorweg: Das Wohlergehen und die Sicherheit aller Tiere (auch der Wildtiere!) haben bei diesem Training oberste Priorität. Beim Umgang mit lebenden Tieren jeglicher Größe, sollten wir immer daran denken, dass sie alle Emotionen wie Panik und Angst empfinden - auch das Eichhörnchen und das Kaninchen. Sie sind keine Objekte, die wir zum Trainieren unserer Hunde benutzen sollten. Wie Hunde und Menschen haben auch diese Lebewesen ein Sicherheitsbedürfnis, das wir jederzeit respektieren müssen!

Haus- und Nutztiere

JET ist nicht geeignet für den Einsatz bei Haus- oder Nutztieren, die bei dir im Haus oder ums Haus herum leben.

JET ist für diese Tiere deswegen ungeeignet, weil es nicht darauf abzielt, die Wahrnehmung deines Hundes für das Tier, das er vor sich hat, zu verändern. Er sieht diese Tiere immer noch als „Beute", und wir arbeiten nicht dagegen an. Deshalb sollte dein Hund auch deine eigenen Tiere oder die Tiere deiner Nachbarn nicht auf diese Weise sehen.

Bei Tieren in unmittelbarer Umgebung wie Haus- oder Nutztieren empfiehlt sich eher ein Gewöhnungstraining, das in diesem Buch nicht behandelt wird. Hierfür gibt es eigene Trainingsansätze.

Wildtiere im eigenen Garten

JET ist ebenfalls nicht geeignet, um es bei Wildtieren anzuwenden, die im eigenen Garten heimisch sind.

Das JET-Protokoll ist für Tiere in deinem eigenen Garten nicht geeignet, weil:

- Der Abstand zwischen deinem Hund und den Wildtieren zu gering ist, als dass dein Hund ruhig bleiben und deine Signale hören könnte.
- Dein Hund wahrscheinlich ein gewisses Maß an territorialer Aggression zeigt, weil die Katze/das Eichhörnchen immer wieder in seinem Garten auftaucht. Dieses Eindringen in das eigene Territorium regt Hunde meist sehr auf. Der Wille, das eigene Territorium – und damit meist auch dich gleich mit – zu beschützen, kann leider dazu führen, dass dein Hund nicht mehr klar denken kann und sich in einer Art Ausnahmezustand befindet.
- Wird ein Hund dem jagdlichen Reiz praktisch permanent ausgesetzt, so setzt etwas ein, das auch als „Reizsummation" bekannt ist. Trifft dein Hund immer und immer wieder auf Wildtiere und hat gar keine Zeit mehr, sich zu beruhigen, findet eine Überreizung statt und dein Hund reagiert zunehmend negativ auf die Summe der Reize – also auf die Wildtiere.

Fazit:

Durch den ständigen Reiz ist der Hund in dauernder Jagdbereitschaft und kann sich auch zu Hause nicht mehr entspannen. Bei Hunden mit sehr starkem Jagdinstinkt ist hier Management und Prävention besser. Zum Beispiel kannst du eine Fensterfolie anbringen, um die Sicht auf die Auslöser des Jagdtriebs deines Hundes zu verdecken, damit er diesen nicht ständig ausgesetzt ist. Auch möglich ist es, deinen Hund an der Leine rauszulassen oder erst einmal ohne ihn raus zu gehen und die Wildtiere zu verscheuchen, bevor du ihn rauslässt.

Zusätzliche Schwierigkeit bei Wildtieren im eigenen Garten: Der "Postboteneffekt":

Hast du schon einmal vom "Postboteneffekt" gehört? Der Hund bellt den Postboten (oder in diesem Fall das Tier) an. Aus seiner Sicht vertreibt er damit den Postboten (oder das Tier). In Wirklichkeit setzt der Postbote aber nur seine Lieferungen fort, der Vogel ist weggeflogen oder die Katze ist weggelaufen. Diese Folgereaktion gibt dem Hund aber dennoch ein Erfolgsgefühl und lehrt ihn, dass es gut ist, sich das nächste Mal wieder genauso zu verhalten.

Dies schafft eine emotionale Verbindung zwischen dem Hund und dem Postboten (oder den Wildtieren). Der Hund hat sie gestern gewarnt und jetzt sind sie wieder da. Dies führt dazu, dass der Hund zunehmend verärgert und aufgeregt wird, da die Eindringlinge seine Warnungen, ihn und sein Revier in Ruhe zu lassen, zu ignorieren scheinen.

Statt also von deinem Hund zu erwarten, dass er einen kühlen Kopf bewahrt, was so gut wie unmöglich ist, gib ihm lieber jedes Mal, wenn Tiere im Garten auftauchen, ein Leckerli, anstatt ihn durch die Unterstützung seines Jagdtriebes

durch JET zusätzlich in einen erregten Zustand zu versetzen.
So wird der Postboteneffekt vermieden.

Kinder

JET darf NIEMALS für Kinder benutzt werden!

Nicht bei deinen eigenen Kindern, nicht bei fremden Kindern
und auch unabhängig davon, wie alt die Kinder sind. Hast du
Kinder oder ein Baby zu Hause und dein Hund fängt an, diese zu jagen oder zu hetzen, hole dir unbedingt professionelle
Hilfe, die vor Ort sein kann.

Andere Hunde

Verwende JET nicht für andere Hunde.

Erlaube deinem Hund nicht, anderen Hunden nachzustellen oder sie zu hetzen, vor allem nicht kleineren Hunden!
Ein Hund kann sich manchmal von seinen Emotionen und
den Hormonen, die während der Jagd in seinem Körper frei-
gesetzt werden, mitreißen lassen. Dein Hund könnte dann
ein Kind oder einen anderen Hund für Beute halten und versuchen, es zu packen oder sogar zu töten. Dies nennt man
"fehlgeleitetes Jagdverhalten" und kann vor allem für kleine
Hunde lebensgefährlich sein.

Die angespannte, pfeilförmige Körperhaltung eines lauern-
den Hundes kann von einem anderen Hund außerdem als Be-
drohung empfunden werden. Im schlimmsten Fall fühlt der
andere Hund sich seinerseits gezwungen, zur Verteidigung
aggressiv gegen deinen Hund vorzugehen. Stellt dein Hund
also einem anderen nach, unterbreche sofort sein Verhalten
und ruf ihn zurück. Das hilft sowohl deinem Hund als auch

den anderen Hunden in seinem Umfeld, sich sicher bewegen
zu können.

Autos

Verwende JET nicht, wenn dein Hund Autos hinterher hetzt!

Das Jagdersatztraining geht davon aus, dass dein Hund etwas jagen will, das er als Beute wahrnimmt. Bei Hunden,
die Autos hetzen, ist es unwahrscheinlich, dass sie das Auto
mit einer möglichen Beute verwechseln. Wahrscheinlicher
ist, dass sie das Auto jagen, weil sie Angst vor davor haben.

Es handelt sich hierbei um eine Angst-Reaktion und nicht
um Jagdverhalten und somit ist JET hier nicht die richtige
Methode, um mit diesem Problem umzugehen.

Die meisten Hetzjagden auf Autos werden dadurch ausge-
löst, dass der Hund irgendwann in der Vergangenheit durch
ein Auto erschreckt wurde. Aus dem Schreckmoment resultiert eine Angstreaktion. Als Folge versucht der Hund, den
Abstand zwischen sich selbst und dem Schreckauslöser zu
vergrößern, indem er es „verjagt" . Er versucht also durch
das nach vorne preschen die Distanz zwischen sich und dem
Fahrzeug schlussendlich vergrößern. Dies ist das Gegenteil
von Jagdverhalten, bei dem der Hund versucht, seiner Beute
näherzukommen. Der Hund will das Auto vertreiben - nicht
erbeuten.

Teil 1:
Management und Prävention

Das Management, also die Verhinderung von jedwedem jagdlichen Verhalten, spielt in jedem Antijagdtraining eine wichtige Rolle. Kannst du deinem Hund in manchen Situationen schlicht nicht vertrauen, dann nimm ihn in diesen Situationen lieber an die Leine. Er sollte dann einfach keine Gelegenheit bekommen, Jagdverhalten an den Tag legen zu können.

Ausrüstung für Management und Prävention

Um Management und Prävention effektiv nutzen zu können, ist nur wenig Ausrüstung nötig.

Leine

Die empfohlene Ausrüstung für den ersten Teil des Jagdersatztraing-Protokolls ist eine drei bis fünf Meter lange Leine, die an einem gut sitzenden Geschirr befestigt ist. Eine Leine von weniger als zwei Metern Länge ist für dieses bedürfnisorientierte Training nicht geeignet. Für spätere Trainingstechniken brauchst du einen Spielraum von drei bis fünf Metern.

Wenn du deinem Hund unterwegs mehr Freiraum lassen willst, eignet sich eine zehn bis zwanzig Meter lange Leine am besten geeignet. Wichtig: Eine lange Leine sollte niemals an einem Halsband befestigt werden! Der plötzliche Ruck am Hals, wenn die Leine deinen Hund stoppt, kann nach mehreren Metern Laufen so heftig sein, dass es zu Verletzungen kommen kann. Stattdessen solltest du bei langen Leinen lieber ein Geschirr verwenden.

Markersignal

Neben der Leine brauchst du ein Markierungssignal, viele benutzen dafür einen Clicker. Du brauchst aber nicht unbedingt einen Clicker, denn das Signal kann auch durch deine Stimme ersetzt werden. Ein Marker ist ein Geräusch, das deinem Hund signalisiert, dass er etwas richtig gemacht hat. Die bekannteste Trainingsmethode dafür ist der Clicker, aber auch ein kurzes Wort wie „Ja" oder „Top" kann ein Markersignal sein. Wichtig: Auf das Markersignal muss immer eine Belohnung folgen, z.B. in Form eines Leckerchens oder Spielzeugs!

Praktische Methoden zu Management und Prävention

Um Management und Prävention effektiv einsetzen zu können, braucht dein Hund ein wenig Basistraining. In diesem Teil wird oft mit Leckerlis gearbeitet, um deinem Hund beispielsweise beizubringen, sich immer wieder an dir zu orientieren. Für die Arbeit mit Leckerli wird teilweise ein Markersignal eingesetzt, das dem "Clickertraining" entspricht. Da für manche der folgenden Trainingseinheiten vorausgesetzt wird, dass zumindest bekannt ist, worum es sich bei "Clickertraining" handelt, widme ich dem hier einen kurzen Absatz.

Clickertraining mit Futterbelohnung

Clickertraining ist eine Methode, mit der du deinem Hund durch ein bestimmtes Geräusch - in diesem Fall ein Klick, aber du kannst auch ein Markerwort verwenden - mitteilst, dass er gerade ein erwünschtes Verhalten gezeigt hat. Durch den Laut (Markerwort oder Klick) entsteht eine Brücke zwischen dem gezeigten Verhalten und der Belohnung, die du anschließend deinem Hund gibst. Der Laut "markiert" das richtige Verhalten - nicht das Leckerli selbst, dieses wird erst im Anschluss gegeben.

Was sind die Vorteile des Clickertrainings?

Die Verwendung eines Geräusches als Signal für korrektes Verhalten hat einige Vorteile. Ein Hund hat eine relativ kurze Zeitspanne, in der er die Belohnung mit seinem Verhalten in Verbindung bringt. Macht dein Hund etwas richtig und du belohnst ihn aber erst einige Sekunden später mit dem Leckerli, kann es sein, dass er sein Verhalten und die Belohnung gar nicht mehr miteinander in Verbindung bringt - es tritt also kein Trainingseffekt ein. In vielen Situationen ist es aber gar nicht möglich, das Leckerli sofort zu geben, wenn der Hund etwas richtig gemacht hat. Zum Beispiel kann es sein, dass dein Hund in diesem Moment vielleicht zu weit weg von dir ist und erst zu dir kommen muss, um sich sein Leckerli abzuholen. Dann ist es praktisch, wenn der richtige Moment zunächst mit einem Laut "markiert" werden kann. Durch den Laut verbindet der Hund sofort sein richtiges Verhalten mit der Belohnung - auch wenn das Leckerli erst nach dem Signal kommt.

Wie wird Clickertraining trainiert?

Das Wichtigste beim Clickertraining ist, den Laut mit der Belohnung zu verknüpfen, so dass dein Hund das Geräusch bereits als Belohnung und als Zeichen für richtiges Verhalten versteht. Dein Hund soll also wissen: Wenn ich den Klick oder das Markerwort höre, habe ich alles richtig gemacht. Daher beginnst du das Clickertraining, in dem du nichts weiter tust, als das Signal zu geben - entweder einen Klick oder einen immer gleich bleibenden Laut deinerseits - und ein Leckerli gibst. Wichtig: Auf den Laut hin muss IMMER ein Leckerli folgen. Auch wenn du versehentlich geklickt hast, denn dein Hund kann deinen Irrtum nicht erkennen. Hat dein Hund das Prinzip verstanden und erwartet bei jedem Klick von sich aus ein Leckerli, kannst du anfangen, den Klick in das Training einzubauen.

Ein Klicker hat den Vorteil, dass das Geräusch sehr präzise ist und dein Hund es sehr gut wahrnehmen kann. Allerdings musst du immer daran denken, den Klicker mitzunehmen. Deshalb ist es sinnvoll, stattdessen oder zusätzlich ein Markerwort zu konditionieren. Hierfür eignen sich hierfür kurze, prägnante Worte, die man im Alltag eigentlich nicht verwendet, z.B. "Top" oder "Yes", um ein erwünschtes Verhalten zu "markieren".

Da es für manche Hunde nicht einfach ist, im Freien überhaupt Leckerli anzunehmen, widme ich diesem Problem zunächst ein eigenes Kapitel. Gehört dein Hund zu den Hunden, die draußen einfach zu aufgeregt sind, um auf ein Training mit Leckerli überhaupt eingehen zu können, erfährst du im nächsten Kapitel, wie du damit umgehen kannst.

Warum können so viele Hunde im Freien keine Leckerli annehmen?

Viele Hundebesitzer stellen beim Spazierengehen frustriert fest, dass ihr Hund im Freien scheinbar kein Interesse an Futterbelohnungen hat. Selbst das sonst so aufregende Superleckerli wird links liegengelassen. Grund dafür ist in den meisten Fällen das Erregungsniveau des Hundes: Je erregter der Hund ist, desto geringer ist die Wahrscheinlichkeit, dass er sich für Futter interessiert - und sei es noch so lecker. Wenn ein Hund also in Jagdstimmung ist, ist sein Erregungsniveau natürlich erhöht. Das bedeutet, dass er sich in diesem Moment einfach nicht auf das Futter konzentrieren kann. Dies wird dann zum Problem, wenn es um Training und Reaktionszeit geht, denn ein Hund, der keine Zeit zum Fressen findet, wird wahrscheinlich auch keine Zeit finden, dir zuzuhören oder zu dir zurückzukommen.

Bestimmte Rassen wie Jagdhunde und andere Arbeits-
rassen werden absichtlich so gezüchtet, dass sie ein höhe-
res Erregungsniveau haben, wenn sie unterwegs sind und
„arbeiten". Das verleiht ihnen ihren scharfen, aufmerksa-
men und konzentrierten Charakter. Damit sind diese Hunde ideal geeignet, um die von ihnen geforderte Arbeit auszuführen. Allerdings fällt es diesen Hunden ganz besonders
schwer, sich auf etwas anderes zu konzentrieren, wenn
sie erst einmal ein hohes Erregungsniveau erreicht haben.

Die einzige Möglichkeit, mit Jagdverhalten gewaltfrei und
ohne Angst und Einschüchterung umzugehen, besteht darin, die Erregung auf ein kontrollierbares Niveau zu senken.
Dadurch wird das Gehirn des Hundes in einen „denkenden
Zustand" versetzt, der für erfolgreiches Lernen entscheidend
ist.

Das Senken des Erregungsniveaus ist auch deshalb wichtig,
weil dein Hund durch das hohe Erregungsniveau in einen
Teufelskreis geraten kann. Das bedeutet: Dein Hund kann
nicht fressen, weil sein Erregungsniveau zu hoch ist, und
sein Erregungsniveau ist zu hoch, weil er gestresst ist, weil er
nicht fressen kann. Ursache und Folge dieses Szenarios von-
einander zu trennen, kann sehr schwierig sein. Wichtiger als
die Ursache zu finden ist es allerdings, den Kreis zu durch-
brechen und das Erregungsniveau deines Hundes wieder zu
senken. Er muss wieder in einen „denkenden Zustand" versetzt werden, in dem er auch dein Futter wieder annehmen
kann.

Es mag angesichts der konkreten Situation seltsam erscheinen, aber: Wenn du den Hund dazu bringen kannst, eine kleine Menge zu fressen, wird er sich beruhigen. Weil er dann
ruhiger ist, kann er mehr fressen, was die Beruhigung verstärkt und ihn wiederum weiter beruhigt usw. Je entspannter

der Hund wird, desto eher nimmt er auch dein Futter wieder an.

Warum ist das so?

Der Stress deines Hundes wird durch den Vorgang des Fressens automatisch abgebaut. Diesen Effekt kannst du auch bei uns Menschen beobachten: Nach einem schlechten Tag greifen wir eher zum Schokoriegel, um uns zu trösten, als nach einem guten Tag. Meist fühlen wir uns nach dem Schokoriegel ruhiger. Manche Menschen bekommen unter Stress sogar regelrechte Essanfälle. Wie Hunde sind auch wir Säugetiere, die darauf konditioniert sind, durch Muttermilch getröstet und beruhigt zu werden. So haben wir schon als Babys gelernt: Essen, Kauen und Schlecken entspannt. Bei deinem Hund ist das nicht anders.

Wie können wir Hunden helfen, im Freien Futter anzunehmen?

Fünf Schritte helfen, das Erregungsniveau eines Hundes so weit zu senken, dass er problemlos draußen fressen kann:

Schritt 1: Ablecken als Einstieg

Biete deinem Hund etwas zum Lecken an, das er nicht kauen muss. Wähle etwas wie Leberwurst, Streichkäse oder Sandwichpaste, das er leicht aus der Hand oder aus einer Schüssel lecken kann. Selbst wenn dein Hund nur ein- oder zweimal daran leckt, kann das bereits ausreichen, um seine Erregung etwas zu abzubauen. Durch die eintretende Entspannung wird er ermutigt, noch einmal daran zu lecken. Hat dieser Vorgang Erfolg gehabt, kannst du ihm als Nächstes ein Leckerli zum Kauen anbieten und ihn zum Fressen ermutigen.

Schritt 2: Futter am Boden suchen

Ermutige den Hund, den Kopf zu senken, um Futter vom Boden aufzuspüren. Das Senken des Kopfes zum Schnüffeln, Suchen und Fressen senkt die Herzfrequenz des Hundes. Mit der Herzfrequenz sinkt auch sein Erregungslevel. Die gute Nachricht: Fressen ist ein Verhalten, und Verhalten kann immer trainiert werden! Wie bei jedem anderen Verhalten auch, solltest du damit in einer Umgebung beginnen, in der es wenig Ablenkung gibt. Starte deshalb am besten an einem Ort, der deinem Hund vertraut ist. Gut geeignet ist zum Beispiel die Wohnung. Gewöhne nun deinen Hund nun daran, aktiv seinen Kopf zu senken und vom Boden zu fressen. Dann kannst du ein Signal hinzufügen, z.B. das Signal „Such!", das den Akt des Fressens mit dem Signal verbindet. Wenn dieses Signal etabliert ist und dein Hund anfängt, auf dieses Signal hin vom Boden zu fressen, kannst du die Übung in Umgebungen mit mehr Ablenkung wiederholen.

Schritt 3: Ritualisierte Hilfsmittel

Der Einsatz von ritualisierten Hilfsmitteln ist eine weitere gute Möglichkeit, deinen Hund dazu zu bringen, ein bestimmtes Verhalten in jeder beliebigen Situation auf Abruf zu zeigen. Am einfachsten ist es, deinem Hund beizubringen, eine Schnüffelmatte zu benutzen. So wie du deinem Hund beigebracht hast, auf dem Boden zu schnüffeln, bringst du ihm jetzt bei, auf der Schnüffelmatte zu schnüffeln. Auch hier solltest du mit dem Training in einer ablenkungsarmen Umgebung beginnen und dich langsam an fremde Umgebungen mit Ablenkungen herantasten. Durch das langsame, sich wiederholende Training wird dem Hund klar, was er zu tun hat, sobald er seine Schnüffelmatte sieht. Ritualisiertes Verhalten ist für den Hund in stressigen Situationen leichter umzusetzen und führt so schnell zu einer Beruhigung.

Schritt 4: Einstiegs-Training im Freien

Nimm ein paar Leckerlis mit auf deinen Spaziergang und suche dir einen ruhigen Ort, an dem du anhalten und deinem Hund etwas anbieten kannst. So lernt der Hund, dass es in Ordnung ist, auch an anderen Orten als dem heimischen Napf zu fressen. Am Anfang hilft es, ihm in solchen Situationen besonders schmackhafte Leckerlis anzubieten. Das kann zum Beispiel auch etwas sein, das er zu Hause nicht bekommt. So beginnt dein Hund, sich auf das Fressen unterwegs zu freuen. Um ein gemeinsames Erlebnis zu schaffen, kannst du auch etwas für Mensch und Tier Verträgliches mitnehmen und das Essen mit deinem Hund teilen.

Schritt 5. JET nutzen

Teile der natürlichen Jagd-Sequenz kannst du auch nutzen, um deinen Hund draußen dazu zu bringen, Futterbelohnungen anzunehmen. Vielleicht ist dein Hund sehr erregt, weil er in Jagdlaune ist. Anstatt also gegen seinen Jagdtrieb anzukämpfen, kannst du ihn kontrolliert nutzen. Wenn der Hund in Jagdstimmung ist, packe also zum Beispiel etwas Futter in eine Papiertüte. Damit kannst du das Interesse deines Hundes wecken, indem du die Tüte über den Boden schleifst. Bevor dein Hund die Tüte packen darf, wirf sie einmal in die Luft, damit dein Hund sie „jagen" kann. Sobald er die Tüte „gefangen" hat, lässt du ihn die Tüte aufreißen. So wird das Zerlegen der „Beute" imitiert. Der Hund kann dann seine „Beute" auf die gleiche Weise fressen wie im letzten Teil der echten Jagdsequenz. Wenn wir dem Hund eine Nachahmung seines natürlichen Jagdverhaltens bieten, wird er die Phasen der Jagd auf natürliche Weise durchlaufen. Nachdem Hunde ihre Beute gehetzt, gefangen, getötet und gefressen haben, sinkt ihr Erregungsniveau ab, und genau das wollen wir hier erreichen!

Auf der Jagd nach gutem Verhalten

Nimm dir einen Moment Zeit, um darüber nachzudenken, was du beim Spazierengehen tust, wenn dein Hund ein Verhalten zeigt, das dir gefällt. Sagst du so etwas wie: „Gut gemacht!", gibst du ihm ein Leckerli oder lächelst du vielleicht einfach nur, und gehst weiter?

Nun überlege einmal kurz, was du tust, wenn dein Hund ein unerwünschtes Verhalten an den Tag legt. Schimpfst du mit ihm? Gibst du ihm vielleicht einen Klaps oder rufst du ein bestimmtes Signal? Oder ignorierst du sein Verhalten vielleicht einfach komplett?

Edward Thorndyke war ein amerikanischer Psychologe, der sich mit dem lebenslangen Lernen von Tieren und Menschen beschäftigt hat. Sein Gesetz der Wirkung besagt, dass „Reaktionen, die in einer bestimmten Situation einen befriedigenden Effekt haben, mit größerer Wahrscheinlichkeit in dieser Situation wieder auftreten, während Reaktionen, die einen unangenehmen Effekt haben, mit geringerer Wahrscheinlichkeit in dieser Situation wieder auftreten". Mit anderen Worten: Aufmerksamkeit funktioniert, aber nur die richtige Art von Aufmerksamkeit. Thorndyke glaubte, dass Tiere durch Versuch und Irrtum lernen, wenn sie in eine neue Umgebung gebracht werden.Reaktionen auf ihr Verhalten veranlassen sie, verschiedene Verhaltensweisen auszuprobieren. Auf diese Weise testen sie aus, welche davon „funktionieren".

In der Regel wirkt sich jede Aufmerksamkeit zunächst "verstärkend" auf ein Verhalten aus. Auch negative Aufmerksamkeit – vor allem dann, wenn Hunde nicht ausreichend positive Aufmerksamkeit bekommen.

Deine nächste Denkaufgabe lautet daher: Welche Verhaltensweisen belohnst du ungewollt mit Aufmerksamkeit und welche „bestrafst" du, indem du nicht auf sie reagierst? Wenn du anfängst, den Verhaltensweisen, die du fördern möchtest, ganz bewusst mehr Aufmerksamkeit zu schenken, wirst du eine Veränderung in der Beziehung zwischen dir und deinem Hund feststellen. Durch diese bewusste Veränderung in der Verteilung deiner Aufmerksamkeit stärkt ihr eure Bindung und entwickelt eine Freundschaft mit klarer Kommunikation und klaren Grenzen.

Welches Verhalten sollte gefördert werden?

Markiere mit einem Klick oder einem anderen Signal deiner Wahl und wirf ein Leckerli für:

- freiwilligen Blickkontakt: Wann immer dein Hund zu dir (zurück)schaut
- in deiner Nähe bleiben
- warten, statt weglaufen
- auf dem Weg bleiben
- eine lockere Leine halten
- usw.

Wann immer dein Hund eine dieser Verhaltensweisen zeigt, nimm sie aktiv wahr und gib ihm ein Leckerli dafür. Du kannst das Leckerli aus der Hand geben oder auf den Boden werfen. Durch diese neue Aufmerksamkeit wird das Verhalten deines Hundes auf euren Spaziergängen viel konzentrierter und er wird „aufnahmebereiter".

Das Orientierungsspiel

Wir haben bereits erwähnt, dass du deinen Hund für „dich anschauen" belohnen solltest. Aber was bedeutet das eigentlich und wie bringst du deinem Hund bei, dass er sich immer wieder an dir orientieren soll?

Ziel der "Umorientierung" an dir ist es, deinem Hund beizubringen, dich ca. alle 50 Schritte auf deinem Spaziergang anzuschauen. Dieses Verhalten hilft eurem Miteinander, denn ein Hund konzentriert sich immer auf das, was er sieht. So wandert seine Aufmerksamkeit immer wieder zu dir zurück und er ist in der Lage, auf deine Signale zu achten. Auf diese Weise kann jagdliches Verhalten früher unterbrochen und verhindert werden, als wenn dein Hund sich nicht immer wieder an dir orientiert.

Im folgenden Abschnitt erfährst du, wie du deinem Hund beibringst, sich immer wieder an dir zu orientieren.

Schritt 1: Den richtigen Zeitabstand trainieren

Halte die lange Leine in deiner Hand, während du mit deinem Hund spazieren gehst. Zähle zu Beginn dieses Trainings immer die Anzahl der Schritte, um ein Gefühl dafür zu bekommen, wann 50 Schritte vorbei sind. Nach 50 Schritten sollte sich dein Hund einmal zu dir umdrehen.

Schritt 2: Umorientierung belohnen

Wenn dein Hund sich zu dir umgeschaut hat, setze ein Markersignal wie Klicken oder ein Stimmkommando. Nun wirfst du ein Leckerli auf den Weg hinter dir, sodass dein Hund an dir vorbeilaufen muss, um es zu bekommen. Wenn dein

Hund sich nach 50 Schritten noch nicht zu dir umgedreht hat, bleibe du mit der langen Leine in der Hand stehen. Warte, bis dein Hund auf die Idee kommt, sich bei dir zu melden. Klicke nun oder gebe ein Stimmkommando und wirf ein Leckerli in die hinter dich wie oben beschrieben.

Was kann schiefgehen?

Es kann passieren, dass sich dein Hund entweder gar nicht oder zu oft an dir orientiert. Wie kannst du damit umgehen?

1. Dein Hund orientiert sich gar nicht an dir
Wenn dein Hund sich von sich aus nie zu dir hin orientiert, solltest du versuchen, dieses Spiel in einem Bereich mit wenig Ablenkung zu üben. Dein Hund muss erst einmal verstehen, dass es sich lohnt, sich zu dir umzuschauen. Das funktioniert nur, wenn er sich klar auf das konzentrieren kann, was er tun soll. Sobald er das Prinzip verstanden hat, kannst du die Umgebung langsam ändern und es können Ablenkungen dazu kommen.

2. Dein Hund orientiert sich ständig an dir
Auch das Gegenteil kann der Fall sein: Dein Hund orientiert sich ständig an dir und erkundet seine Umgebung überhaupt nicht. Sollte dein Hund sich so verhalten, gibst du ihm erst dann eine Futterbelohnung, wenn du 50 Schritte erreicht hast. Wenn er sich immer noch häufiger zu dir umsieht, nickst du ihm zu, lächelst ihn an oder sagst „gut gemacht" – aber ohne ihn zu belohnen. So weiß dein Hund, dass das, was er tut, gut ist, ohne dass du ihn ermutigst, sich ständig zu dir umzudrehen und dafür eine Futterbelohnung zu bekommen.

Ruhe- und Spaßinseln

Hunde mit hoher jagdlicher Motivation neigen dazu, auf einem Spaziergang ständig überreizt zu sein. In einem solchen Fall kann Vorhersehbarkeit des Kommenden der Schlüssel zum Erfolg sein. Die Vorhersehbarkeit hilft dabei, einen immerzu aufgeregten Hund zu beruhigen.

Hierbei kann es ein Vorteil sein, wenn du auf deinem Spaziergang „Ruheinseln" und „Spaßinseln" für deinen Hund schaffst, damit er genau weiß, was ihn auf seinem Spaziergang erwartet.

Eine „Ruheinsel" ist ein Ort, der für deinen Hund Sicherheit und Vertrautheit bedeutet. Daher sollte dieser Platz sich nicht ändern. Im besten Fall sind der Anblick und die dort vorhandenen Geräusche immer gleich. Die Sinne, die an dem Platz angesprochen werden, gelten für deinen Hund dann sozusagen als ein „multisensorisches" Signal. Sieht und hört er diesen Platz, ist das sein Signal, sich zu beruhigen und sich entsprechend zu benehmen. Beginnen kannst du zum Beispiel mit dem Innenraum deines Autos. Dies bietet dir auch dann einen Vorteil, wenn du deinen Hund durch die Gegend kutschieren musst. Streue für den Anfang ein paar kleine oder zerkleinerte Hundeleckerlis auf den Boden oder den Sitz des Autos und lege außerdem ein paar Leckerlis auf den Boden vor dem geparkten Auto. Nun gib deinem Hund das Signal zum Suchen und erlaube ihm, die Leckerbissen zu erschnüffeln und zu fressen. So kannst du dein Auto mit Leckerlis und Komfort für deinen Hund als einen sicheren Ort etablieren.

Um auf deinem Spaziergang eine Ruheinsel zu schaffen, wähle zunächst einen am Weg liegenden Ort aus. Wenn du mit deinem Hund dort ankommst, mach erst einmal eine Pause und lass deinen Hund ein paar Minuten lang in Ruhe die

Umgebung absuchen, bevor ihr weitergeht. Hat dein Hund die Umgebung genug erkundet, dann setzt euch am besten noch einen Moment gemeinsam auf eine Bank oder ins Gras und beobachtet die Umgebung.

Lobe dabei deinen Hund und streichle ihn langsam und gleichmäßig vom Kopf bis zum Schwanz und vom Kopf bis zu jeder einzelnen Pfote. Sanfte Massagen und Berührungen wie diese können deinem Hund dabei helfen, sich zu entspannen und sich auf dich zu konzentrieren, anstatt auf aufregende Gerüche oder Tiere in der Umgebung. Bei deiner Ruheinsel kannst du einige ruhige Aktivitäten einbauen, um das Körperbewusstsein deines Hundes zu fördern. Zum Beispiel kannst du mit ihm langsam durch heruntergefallenes Laub oder seichtes Wasser waten, ihn bewusst mit allen vier Pfoten auf einen Felsen klettern lassen, mit ihm auf einem Baumstamm balancieren oder ruhig über heruntergefallene Äste laufen.

Wähle im zweiten Schritt einen anderen Ort auf deinem Spaziergang aus und mache ihn zu eurer „Spaßinsel". Immer wenn du diesen Ort erreichst, ist es an der Zeit, deinen Hund einfach mal Hund sein zu lassen! Spiele die Spiele zum Jagdverhalten aus dem Abschnitt Jagdersatzspiele in diesem Buch oder ein anderes Spiel, das deinem Hund Spaß macht. Wie der Name schon sagt, ist es auf dieser Insel Zeit für Action!
Vergiss dabei nie, deinen Hund mit ein paar Leckerbissen oder einem „Würstchenbaum"-Spiel zu beruhigen, bevor du das Spielen beendest und weitergehst, sonst schlägt die Begeisterung schnell in Frustration um, weil der Spaß plötzlich vorbei ist. (Das Spiel "Würstchenbaum" wird im Abschnitt "Jagdverhalten-Ersatzspiele" in diesem Buch erklärt.)
Am besten beendest du deine Wanderung immer mit einer letzten Ruheinsel, bevor du den Ort erreichst, an dem dein Auto geparkt ist, damit dein Hund sich vor der Heimfahrt beruhigt.

Zusätzlicher Tipp:

Für Hunde, die draußen sehr aufgeregt sind und sich nur schwer konzentrieren können, ist es sinnvoll, auf demselben Weg zurückzulaufen, anstatt einen Rundweg zu gehen. Auf dem Hinweg haben sie die Möglichkeit, die neue aufregende Umgebung zu erkunden, während ihr Gehirn auf dem Rückweg nicht noch einmal mit neuen Informationen überflutet wird. Das gibt ihnen die Möglichkeit, sich zu beruhigen und sich auf der zweiten Hälfte des Weges mehr auf dich zu konzentrieren.

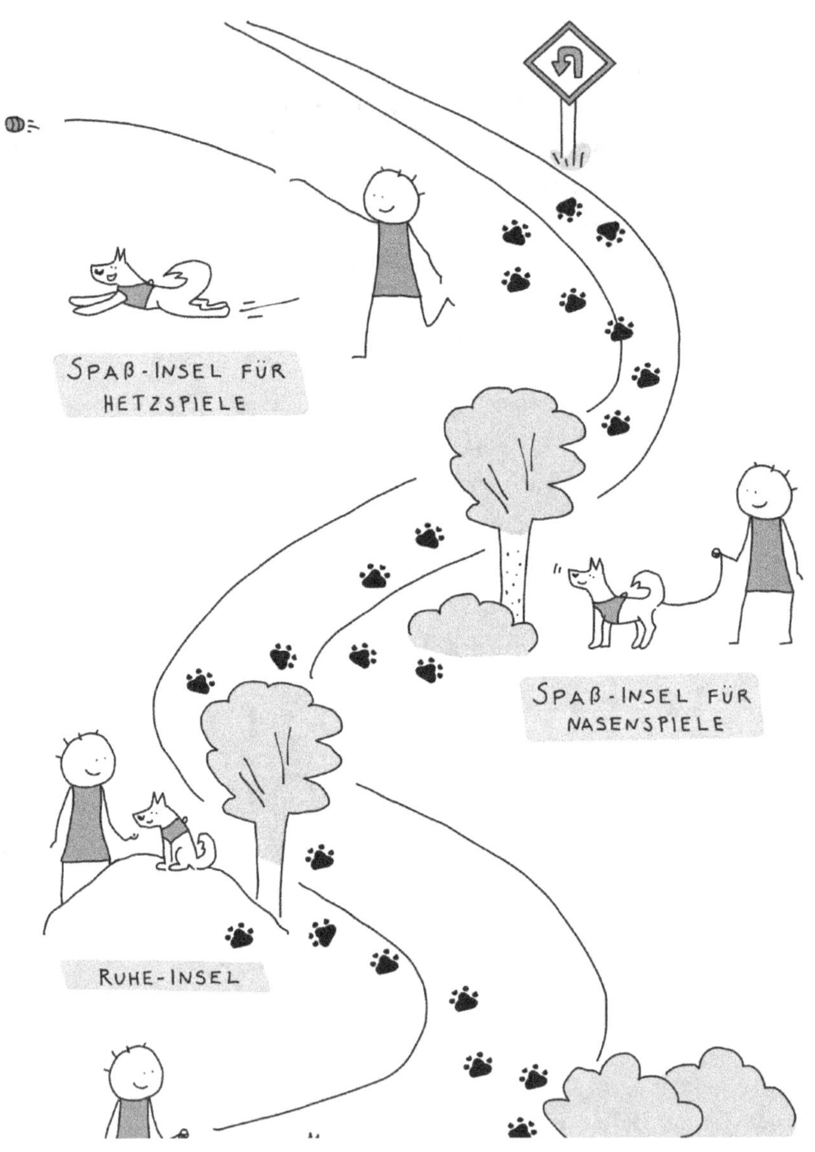

SPASS-INSEL FÜR HETZSPIELE
SPASS-INSEL FÜR NASENSPIELE
RUHE-INSEL

Teil 2:
Sichere Abläufe der Jagd mit dem Hund gemeinsam erleben

Die Jagd-Sequenz

Nimm dir zu Anfang dieses Kapitels eine Minute Zeit, um über deinen eigenen Hund nachzudenken. Wie zeigt seine Körpersprache, dass er im „Jagdmodus" ist, wenn ihr zusammen seid? Bleibt er stehen? Schnüffelt er am Boden? „Starrt" er in die Umgebung? Oder erkennst du die Absichten deines Hundes erst, wenn er bereits zu einer wilden Hetzjagd aufgebrochen ist?

Das jagdliche Verhalten beginnt lange vor der eigentlichen Jagd und endet auch nicht mit dem Hetzen des Tieres. Das Jagdverhalten ist eine Verhaltenskette, die aus mehreren Teilen besteht, bei der ein Teil aus dem anderen resultiert und deren Teile ineinander übergehen. Sobald der Hund den ersten Schritt in dieser Kette gemacht hat, rutscht er leicht in den nächsten Teil hinein. Dieser Schwung macht es sehr schwer, die Sequenz zu unterbrechen. Um sie zu stoppen, solange dein Hund noch ansprechbar ist, müssen wir in der Lage sein, jagdliches Verhalten schon in dem Moment zu erkennen, in dem es beginnt.

1.Schnüffeln, wittern und scannen der Umgebung

Die Jagdsequenz beginnt mit der Orientierung des Hundes in der Umgebung. Gibt es in seiner unmittelbaren Umgebung etwas zu jagen? Ob dein Hund sich in dieser Phase befindet, erkennst du an einem leicht veränderten Verhalten. Wittert dein Hund in der Luft? Scannt er die Umgebung mit den Augen ab? Hat er die Nase am Boden? Dann befindet sich dein Hund vermutlich in der ersten Phase der Jagdsequenz.

2. Lauern

Hat der Hund eine mögliche Beute gewittert, gehört oder gesehen, fängt er an, die Beute zu belauern. Du merkst dies an einer angespannten Körperhaltung deines Hundes.

3. Anschleichen

In der Phase des Anschleichens bewegen sich die Hunde langsam und vorsichtig vorwärts. So kommen sie ihrer Beute so nahe wie möglich, bevor das Hetzen beginnt. Ihr natürlicher Instinkt hält die Hunde dazu an, der Beute so nah wie möglich zu kommen, bevor sie richtig loslegen. Auf diese Weise wird ihre Energie gespart.

4. Hetzen

Nun beginnt die offensichtlich erkennbare Jagd: Der Hund läuft los und fängt an, die Beute zu hetzen.

5. Packen und töten

Hat der Hund Glück und kommt nahe genug an seine Beute heran, dann packt und tötet er sie, meist in Kombination mit heftigem Kopfschütteln.

6.Festhalten, Zerlegen und Vertilgen

Nachdem das Beutetier tot ist, hält der Hund es oft noch für eine Weile fest bevor er anfängt, es zu zerlegen und zu vertilgen.

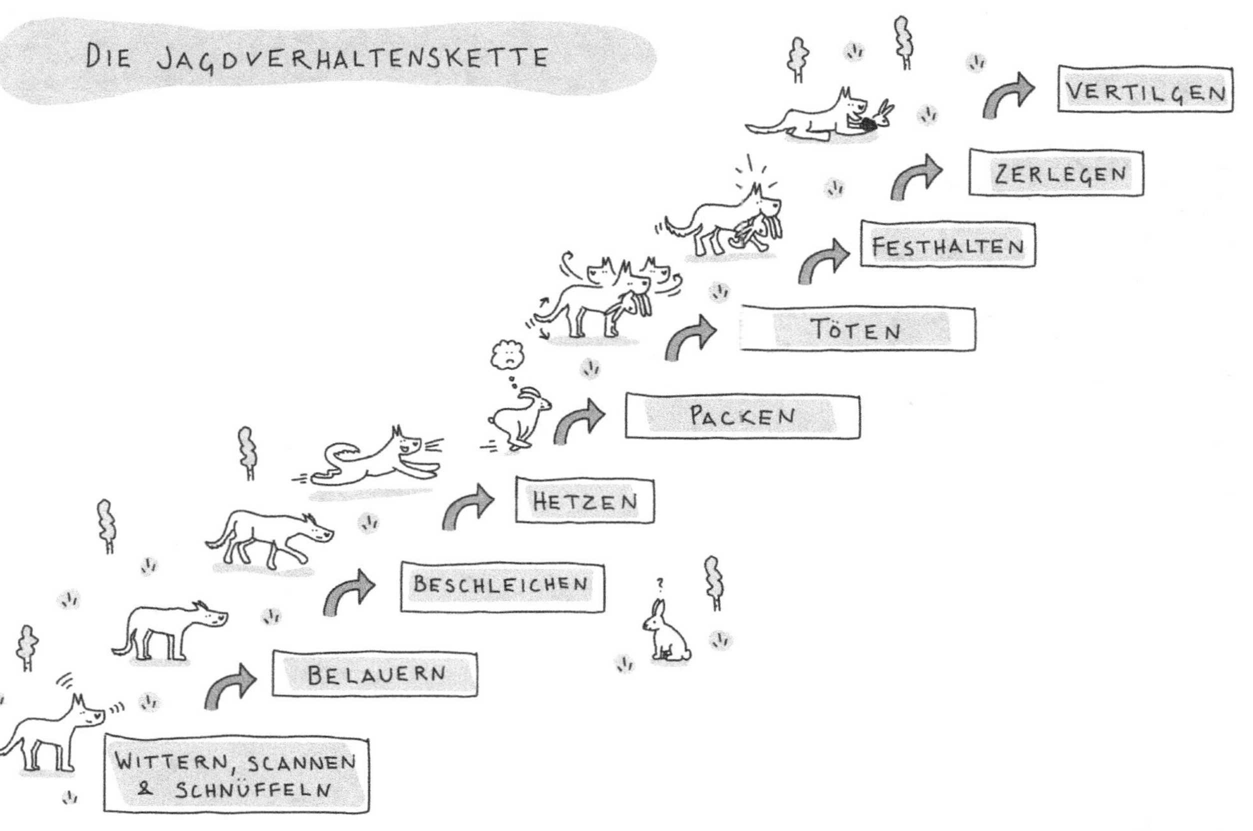

DIE JAGDVERHALTENSKETTE
VERTILGEN
ZERLEGEN
FESTHALTEN
TÖTEN
PACKEN
HETZEN
BESCHLEICHEN
BELAUERN
WITTERN, SCANNEN & SCHNÜFFELN

Wölfe, Schakale und Dingos haben diese ursprüngliche Version der Jagd- Sequenz immer noch in ihrem Repertoire. Ein außenstehender Beobachter kann sie dabei beobachten, wie sie jeden Schritt dieser Verhaltens-Kette durchlaufen. Durch künstliche Auslese und Zucht führen die meisten Haushunde nicht mehr die gesamte Verhaltenskette zuverlässig aus. Einige Teile wurden „herausgezüchtet", da wir Menschen in der Regel nicht wollen, dass unsere Hunde Verhalten zeigen, das wir als negativ für unser Zusammenleben empfinden. Einzelne Teile der Kette wurden jedoch als nützliche Fähigkeiten erkannt und bei Arbeitshunderassen durch gezielte Züchtung verstärkt.

Schauen wir uns als Beispiel mal einen Border Collie an. Border Collies sind ausgezeichnete Hütehunde – und sie nutzen dafür Teile der Jagdsequenz. So ist bei dieser Rasse das Beäugen, Lauern, Anschleichen und Hetzen durch Zucht verstärkt worden, der Teil der Jagd-Sequenz, der das Töten beinhaltet, ist jedoch sehr effektiv herausgezüchtet worden.

Ein zweites Beispiel ist der Spaniel. Dieser wurde über Generationen hinweg dahingehend gezüchtet, Wild aus dichtem Gebüsch aufzuscheuchen. Orientieren, Suchen, und Packen wurden bei dieser Hunderasse durch die Zuchtlinie gefördert. Deshalb kleben ihre Nasen fast immer am Boden, während sie im Zickzack durch den Park laufen und die verzweifelten Rückrufpfiffe ihres Besitzers oft gar nicht wahrnehmen.

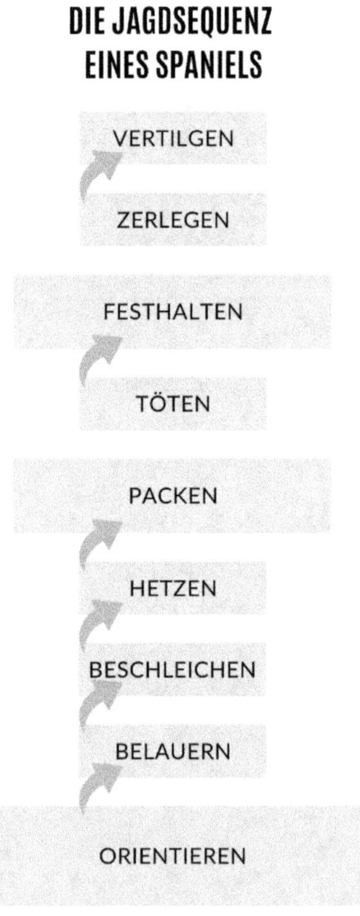

Ein drittes Beispiel: Ein Greyhound wird zum Hetzen gezüchtet. Das Orientieren in der Umgebung, vor allem mit den Augen, das Hetzen, Packen und sogar das Töten gehören zu seinem Zuchtrepertoire.

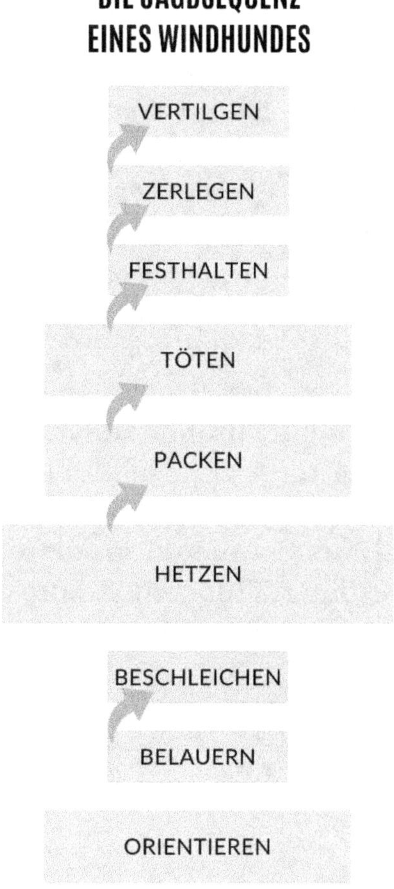

Überlege einen Moment, für welche Teile der jagdlichen Abfolge dein Hund gezüchtet wurde. Ist eine Phase besonders auffällig betont? Bei einem Mischling bekommst du dies am besten durch Beobachten heraus. So kannst du herausfinden, welche Teile des Jagdverhaltens dein Hund verstärkt an den Tag legt. Auch wenn dein Hund reinrassig ist, kann es sein, dass er nicht dem Rassestandard entspricht. Wie sein Besitzer ist auch jeder Hund ein Individuum mit einzigartigen Vorlieben und Abneigungen.

Tipp:
Unterbrich deine Lektüre hier für einen Moment und leg das Handbuch beiseite. Nimm dir Stift und Papier und denke einen Moment über die Lieblingsbeschäftigungen deines Hundes nach. Liebt er es, die Umgebung nach potentieller Beute abzusuchen? Sucht er gerne den Boden mit seiner Nase ab oder wittert er in die Luft? Bleibt er stehen und richtet sich nach der potenziellen Beute nur aus, oder rennt er gleich los, um diese zu jagen? Besitzt er ein Spielzeug und paradiert stolz damit herum, oder holt er es und bringt es direkt zu dir? Das mag aus dem Zusammenhang gerissen ein wenig albern klingen, aber diese Informationen sind entscheidend, wenn wir uns weiter mit der jagdlichen Abfolge beschäftigen. Die Beobachtungen, die du an dieser Stelle an deinem Hund machst, werden später genutzt, um die bedürfnisorientierten Spiele mit deinem Hund zu trainieren.

Sichere Teile der Jagdverhaltenskette für das Training nutzen

Im letzten Kapitel wurde die gesamte Abfolge der Jagd-Sequenz aufgeführt. Nun ist es Zeit zu überlegen, welche Teile davon im echten Leben sicher sind und welche Teile davon in konkreten Situationen gefährlich für den Hund selbst oder für andere werden können.

Dabei sollte auch folgendes bedacht werden: Wir könnten unserem Hund theoretisch erlauben, einem Eichhörnchen hinterher zu hetzen, wenn es schon auf dem Baum und damit außer Reichweite ist. Aber für das Eichhörnchen kann der Hund unten am Stamm auch dann Stress bedeuten, wenn es unerreichbar für den Jäger geworden ist. Einmal wurde ich mit meinem Hund Nanook Zeuge, wie ein aufgeschrecktes Eichhörnchen mit einem erschrockenen kleinen Eichhörnchenschrei direkt von einem Baum auf den Boden vor ihm fiel. Zum Glück war mein Hund so überrascht von der plötzlichen Wendung der Ereignisse, dass er sich in seiner Verwirrung nicht auf das arme Tier stürzte. Das Eichhörnchen kam glücklicherweise unversehrt davon. Das heißt aber nicht, dass es nicht auch anders hätte ausgehen können. Ein Hund, der vom Jagdverhalten erregt ist, könnte auf der Jagd nach Beute sogar die ersten Äste eines Baumes hochklettern. Das wird nicht nur für das Eichhörnchen gefährlich, es stellt auch ein Verletzungsrisiko für den Hund dar.

Einfach wäre es an dieser Stelle, Prävention zu betreiben und den Hund komplett von dem Baum fernzuhalten. Schwieriger ist es zu erkennen, welche Teile der Jagd-Sequenz von deinem Hund sicher ausgeführt werden können - und welche nicht.

Es gibt drei grundlegende Aktionen, die dein Hund als Ersatz für das Jagen ausführen darf. Auf diese werden wir uns hier konzentrieren. Zum Glück sind es auch die ersten drei in Reihe, so dass sie leicht zu merken sind:

1. Orientieren (Schnuppern am Boden, Wittern in der Luft und das Abscannen der Umwelt)
2. Belauern eines Beutetieres
3. Anschleichen an das Beutetier (nur für fortgeschrittene Hund-Mensch-Teams empfohlen)

Orientieren, Belauern und Anschleichen sind die Teile der Jagd-Sequenz, die wir unsere Hunde in realen Situationen ausführen lassen können. Sorgfältiges Training kann die anfängliche Reaktion unseres Hundes verändern, wenn er Wildtieren begegnet. Anstatt Wildtiere zu hetzen und das „Beutetier" und sich selbst in Gefahr zu bringen, können wir ihnen beibringen, zu stehen und die Beute zu belauern. Auf diese Weise führen sie immer noch Teile der Jagd-Sequenz aus. Dabei befinden sie sich noch immer im Jagdmodus, der ihre Bedürfnisse befriedigt, aber sie tun es auf sichere Weise.

Wir können unseren Hunden natürlich niemals erlauben, Wildtiere zu packen und zu töten - das ist ein absolutes No-Go! Deshalb können wir unseren Hunden auch nicht erlauben, Tiere, die sie getötet haben, zu zerlegen oder zu verzehren.

Unsere Hunde haben jedoch natürlicherweise das Bedürfnis, alle Teile der Jagd-Sequenz auszuführen. Sie wissen nicht, dass wir in einer Welt leben, in der bestimmte Teile ihres instinktiven Verhaltens nicht akzeptabel sind. Um der realen Erfahrung so nahe wie möglich zu kommen, spielen wir daher Jagdersatzspiele. Wir brauchen uns an dieser Stelle aber nichts vormachen: Unsere Hunde wissen, dass ein Spiel nur ein Spiel ist. Aber es ist trotzdem besser als kein Ersatz!

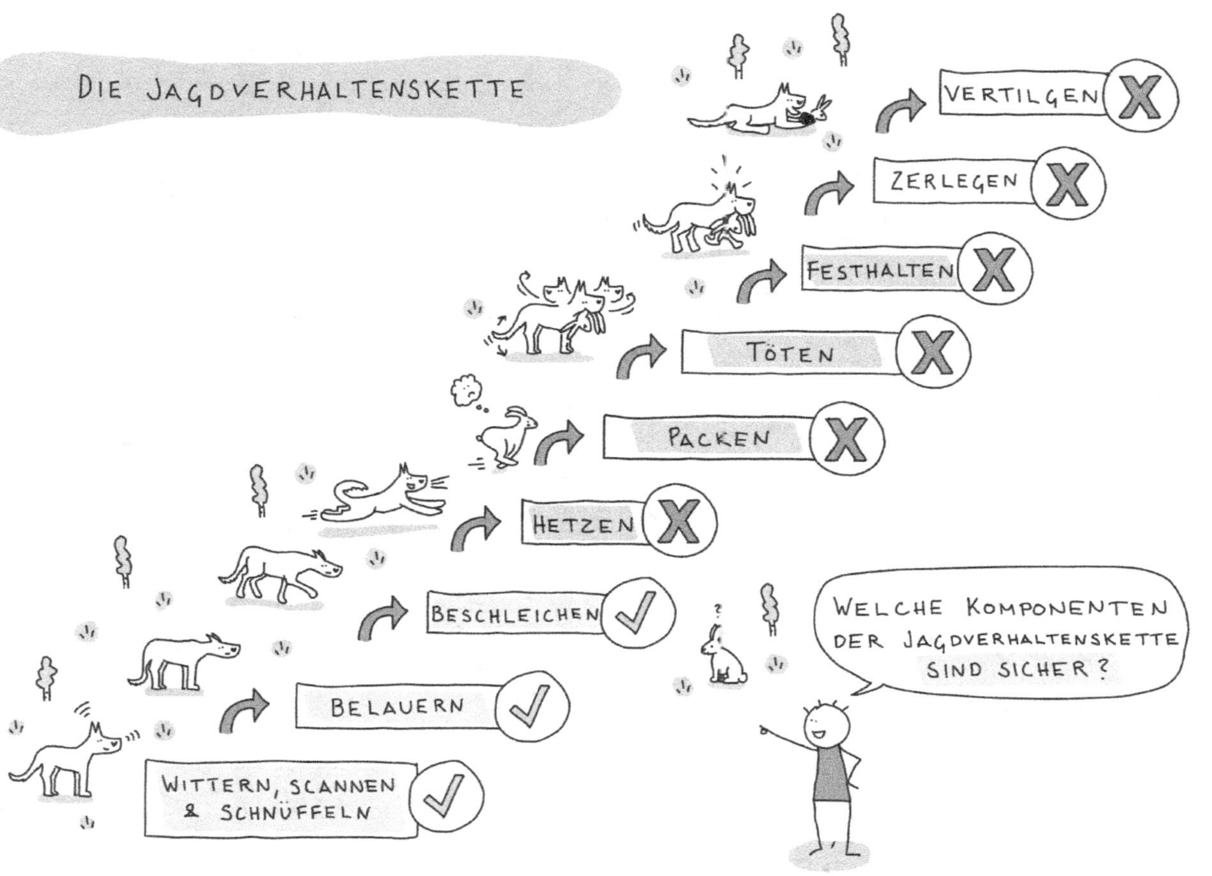

DIE JAGDVERHALTENSKETTE
VERTILGEN
ZERLEGEN
FESTHALTEN
TÖTEN
PACKEN
HETZEN
BESCHLEICHEN
BELAUERN
WITTERN, SCANNEN & SCHNÜFFELN
WELCHE KOMPONENTEN DER JAGDVERHALTENSKETTE SIND SICHER?

Sichere Teile der Jagd-Sequenz verstärken

1. Die Umwelt „scannen"

Im Zusammenhang mit unserem Hunde-Training bedeutet „Scanning", dass dein Hund stillsteht, während er die Umgebung nach potenzieller Beute absucht.

Ein solches Verhalten legen Hunde besonders häufig dann an den Tag, wenn sie zum Beispiel aus dem Wald auf ein offenes Feld kommen oder den Gipfel eines Hügels erreichen. Entscheidend ist, dass sich in diesem Moment die visuell wahrnehmbare Umgebung stark verändert. Diese Orientierungsphase ist die allererste Stufe in der Kette der Jagd-Sequenz, daher ist der Erregungsgrad meist noch niedrig. Dein Hund fragt sich in dieser Situation: „Gibt es in meiner Umgebung potenzielle Beute oder nicht?" Das bedeutet, dass es nicht unbedingt einen Auslöser wie ein Knacken im Gebüsch oder die Wahrnehmung einer Bewegung geben muss. Sei dir aber bewusst, dass die Erregung schnell ansteigen kann, wenn dein Hund feststellt, dass tatsächlich Beute in der Nähe ist.

Beobachte deinen Hund in einer solchen Situation, um festzustellen, ob er einen „Scan" durchführt. Dies erkennst du daran, dass er sich aktiv umschaut und sich NICHT vollständig auf einen speziellen Punkt konzentriert. Er wittert beispielsweise in die Luft, hebt also seine Nase mit zuckenden Nasenlöchern oder lauscht auf Geräusche, was du an nach vorne gerichteten oder zur Seite zuckenden Ohren erkennst.

Als Menschen sind wir uns nicht immer zu 100 % sicher, auf welchem „Kanal" unser Hund gerade eingestellt ist. Vielleicht sieht er etwas, vielleicht riecht er etwas, vielleicht aber auch beides gleichzeitig. Deshalb brauchen wir diese Verhaltensweisen nicht zu unterscheiden. Wir können ein einziges Wort dafür verwenden: „Scannen".

So trainierst du das „Scannen"

Bleibt dein Hund stehen und fängt an die Umgebung zu scannen, dann bleibe ebenfalls stehen. Lobe deinen Hund in dieser Situation und fange mit dem Signal "scannen" das Verhalten ein, solange dein Hund die Umgebung scannt.
Du wiederholst immer wieder mit ganz ruhiger Stimme "scannen - gut - das machst du prima - scannen - sehr gut scannen etc."

Beendet dein Hund das Scannen der Umgebung, dann hörst auch du auf zu reden.

Ist dein Hund dazu bereit, ziehe zusammen mit ihm weiter. Es ist nicht nötig, hier ein Leckerli einzusetzen.

Ist dein Hund bereits zu erregt? Dann seid ihr vielleicht schon zu nahe an einer potentiellen Beute. Versuche in einer solchen Situation das Verhalten deines Hundes mit einem positiven Verhaltensunterbrecher, z. B. der Berührung deiner Hand ("Handtouch"), zu unterbrechen und vergrößere den Abstand zwischen euch und der potenziellen Beute. Du kannst die Übung entweder aus der Ferne noch einmal versuchen oder ein Jagdersatzspiel spielen, um die Energie abzubauen.

Die Orientierung in der Umgebung machen viele Hunde von Natur aus gerne. Mache also bei deinen Spaziergängen gerne immer mal eine Pause, setz dich mit deinem Hund auf eine Bank oder sogar ins Gras und scanne eine Weile die Umgebung. Dein Hund wird geistig angeregt, nimmt all die verschiedenen visuellen, olfaktorischen und auditiven Informationen auf und verarbeitet sie. Er wird zufrieden und müde sein, wenn du nach Hause kommst, aber auf eine ruhige und entspannte Art und Weise. Das „Scannen" ist sowohl bereichernd als auch erfüllend für ihn!

Nanook scannt die Umgebung

2. Suchen

„Suchen" bedeutet in unserem Training, dass dein Hund mit der Nase am Boden aktiv nach dem Geruch einer potentiellen Beute schnüffelt.

Meine Hündin Isla sucht auf Signal

So trainierst du das „Suchen":

Um zu signalisieren, dass dein Hund jetzt suchen soll, verteile ein paar Leckerlis auf dem Boden und schicke deinen Hund dann auf die Suche danach. Während dein Hund mit der Nase auf dem Boden nach den Leckerlis sucht, wiederhole immer wieder das Signal „Such!"

Du kannst dieses Verhalten fördern, indem du mit deinem Zeigefinger auf den Boden zeigst, wo die Leckerlis verstreut sind, und dabei eine kreisförmige Bewegung machst. Indem du deinen Finger bewegst und nicht genau zeigst, grenzt du das Suchgebiet für deinen Hund ein, ohne ihm den Spaß zu verderben, indem du ihm zu sehr hilfst.

Ein besonderer Tipp zu „Suchen":

Wenn ihr das nächste Mal gemeinsam euren Rückruf übt, streue ein paar Leckerlis neben dich, bevor du deinen Hund rufst, und schicke ihn mit deinem „Rührfinger" auf die Suche, sobald er ankommt.

3. Belauern potenzieller Beute

Beim „Lauern" geht es darum, dass dein Hund in der Nähe einer möglichen Beute steht und diese beobachtet, z. B. ein Reh, ein Eichhörnchen oder einen Hasen.

Das wichtige Konzept, das wir ihnen hier beibringen, ist: Du kannst nicht hetzen, aber du kannst stehen bleiben und die potenzielle Beute beobachten, solange du willst!
Denk immer daran: Ein Hund, der steht, hetzt nicht! Somit stellt das Stehen und Belauern eine tolle Alternative zum Hetzen dar.

Indem du deinen Hund entsprechend seinen angeborenen Bedürfnissen trainierst und das Verhalten des Stehens und Beobachtens der potenziellen Beute positiv verstärkst, wird dieser sichere Teil der Jagd-Sequenz verstärkt. Dein Hund wird dieses Verhalten in Zukunft häufiger und länger zeigen. Diese zusätzliche Zeit gibt dir mehr Spielraum, um zu reagieren: Nimm deinen Hund an die Leine, rufe ihn zurück zu dir oder biete ein Spiel an, um ihn vom Jagen abzulenken.

Begegnet ihr beispielsweise auf eurem Spaziergang einem Reh, wird dein Hund es mithilfe dieses Trainings nicht sofort anfangen zu hetzen. Er wird etwas länger stehen bleiben und es beobachten, und auch damit schon zufrieden sein. Das liegt daran, dass dieses alternative Verhalten Teil der Sequenz ist: Er jagt also bereits, er hat nur noch nicht die ganze Jagd-Sequenz durchlaufen. Aber schon in dieser frühen Phase erhält dein Hund die Belohnung in Form einer Ausschüttung von Hormonen für die Ausführung des instinktiven Verhaltens. Dies sorgt dafür, dass er zufrieden und sicher an deiner Seite bleibt.

Anstatt die Jagd-Sequenz an dieser Stelle komplett zu unterbrechen und zu beenden, erlaube deinem Hund, in ihr zu bleiben. Es fühlt sich für ihn sehr gut an, wenn er die intrinsisch motivierten Teile der Jagd-Sequenz ausführt!

Belauern Phase 1: Die Grundregeln

Um das Lauern auf ein Signal hin zu trainieren, verstärke sein Verhalten, sobald dein Hund das entsprechende Verhalten auf natürlichem Weg zeigt. Beobachtet dein Hund zum Beispiel ein Reh in einer Entfernung, ist aber noch ruhig und ansprechbar, dann benenne sein Verhalten mit dem Signal „Lauern". Dies unterstützt die Kommunikation mit deinem Hund und hilft dir, das Verhalten in späteren Trainingseinheiten proaktiv zu kontrollieren und auszulösen.

Sobald du eine potentielle Beute wahrnimmst, nehme deinen Hund an die Leine. Falls dein Hund das Tier noch nicht wahrgenommen hat und du dich weiter annähern möchtest, dann tue dies nicht in gerader Linie, sondern gehe einen Bogen. Versuche dabei immer, hinter deinem Hund zu bleiben.

Sobald dein Hund den Auslöser ebenfalls wahrgenommen hat, bleibst du stehen. Wenn dein Hund dem Auslöser zu nahe kommt, oder wenn er seine Geschwindigkeit erhöht, verlangsame deinen Hund sanft bis zum Stopp.

Gehe nun nicht mehr weiter.

Lobe deinen Hund mit ruhiger Stimme, solange er den Auslöser anschaut, und wiederhole das verbale Signal mehrere Male mit ruhiger Stimme: „super - lauern - prima machst du das - lauern ..." Das machst du so lange, wie dein Hund das Tier belauert. Denk daran, dass du ihm dabei immer sagst: Du darfst nicht hetzen, aber du darfst so lange schauen, wie du willst!

Es ist beim Lauern übrigens egal, ob dein Hund sitzt, liegt oder steht, solange er vier Füße auf dem Boden hat. Achte darauf, dass die Leine locker ist und dein Hund selbstständig stehen kann.

Orientiert sich dein Hund an dir und schaut sich zu dir um, dann frag ihn ruhig, ob er weiter lauern möchte: "Möchtest du weiter lauern?" Wenn er das nicht will, geht ihr beide weiter.

Dreht dein Hund sich um und ist sehr aufgeregt, belohne ihn WEG vom Auslöser mit einem besonderen Leckerli oder einem geliebten Spielzeug.

Was du beim Belauern beachten musst:

- Achte immer darauf, dass die Leine locker ist und dein Hund selbstständig stehen kann, ohne dass du ihn zurückhältst. Um später ohne Leine arbeiten zu können, sollte in dieser Phase kein Druck auf die Leine ausgeübt werden.
- Anstatt für ein Leckerli entscheiden sich Hunde, die gerne lauern, oft für das Lauern selbst als Verstärkung. Lass sie also als Belohnung weiter lauern!
- Hunde, die sehr aufgeregt sind und hetzen wollen, sollten mit einem „zuckerfreien" Ersatz belohnt werden, WEG vom Auslöser! Wirf ein besonderes Leckerli oder ein Spielzeug in eine andere Richtung, wenn du genug Abstand zwischen euch und den Auslöser gebracht hast.
- Achte darauf, dass du deinen Hund nicht dafür belohnst, wenn er sich ständig bei dir orientiert! Du willst nicht versehentlich einen Verhaltensunterbrecher oder ein Signal zur Umorientierung setzen. Du willst, dass das Lauern weitergeht.
- Verstärke das Verhalten nicht, wenn dein Hund bereits die Schwelle zum Hetzen überschritten hat! Bei der klassischen Konditionierung konditionierst du immer die Emotion, die der Hund empfindet, zusammen mit dem Si-

gnal. Wenn du das Lauern belohnst, während dein Hund
bereits sehr erregt und eigentlich bereits auf dem nächsten Level ist, wird er nie wieder in der Lage sein, ruhig zu
stehen und zu lauern, wenn er dein Signal hört.

- Ist dein Hund bereits über der Reizschwelle, unterbreche
  sein Verhalten mit einem Rückruf oder einem Handtouch
  (Berührung mit deiner Hand). Beides wird im letzten Abschnitt des Buches beschrieben. Vergrößere den Abstand
  zwischen euch und dem Auslöser, bis du eine Entfernung
  erreicht hast, aus der dein Hund ruhig stehen und den
  Auslöser beobachten kann. Nun starte die positive Verstärkung des Lauerns erneut.

Ruhig stehen bleiben und beobachten kostet viel Impulskontrolle. Übertreibe es nicht mit dem Training! Eine kurze
Einheit von drei Minuten ist ausreichend. Außerdem solltest du nicht versuchen, diese Methoden anzuwenden, wenn
du oder dein Hund einen schlechten Tag hatten. Wenn dein
Hund auf dem Spaziergang im Park auf seinen Erzfeind ge-
stoßen ist, wird er bereits zu aufgeregt sein, um noch ruhig
lauern zu können.

Mein Rüde Nanook lauert auf mein Signal hin

.Wichtig ist: Unterschätze die Distanz nicht, die dein Hund braucht, um nicht über die Schwelle zum Hetzen zu treten! Zu Beginn deines Trainings kann es sein, dass ihr mehrere hundert Meter vom Auslöser entfernt bleiben müsst. Das hängt ganz von deinem Hund ab und davon, wie stark seine jagdliche Motivation ist. Bei dieser Übung geht es NICHT darum, sich physisch an Wildtiere heranzupirschen und immer näher heranzukommen! Es geht nur darum, sie konzentriert zu beobachten, ruhig zu stehen und das Erlebnis zu genießen.

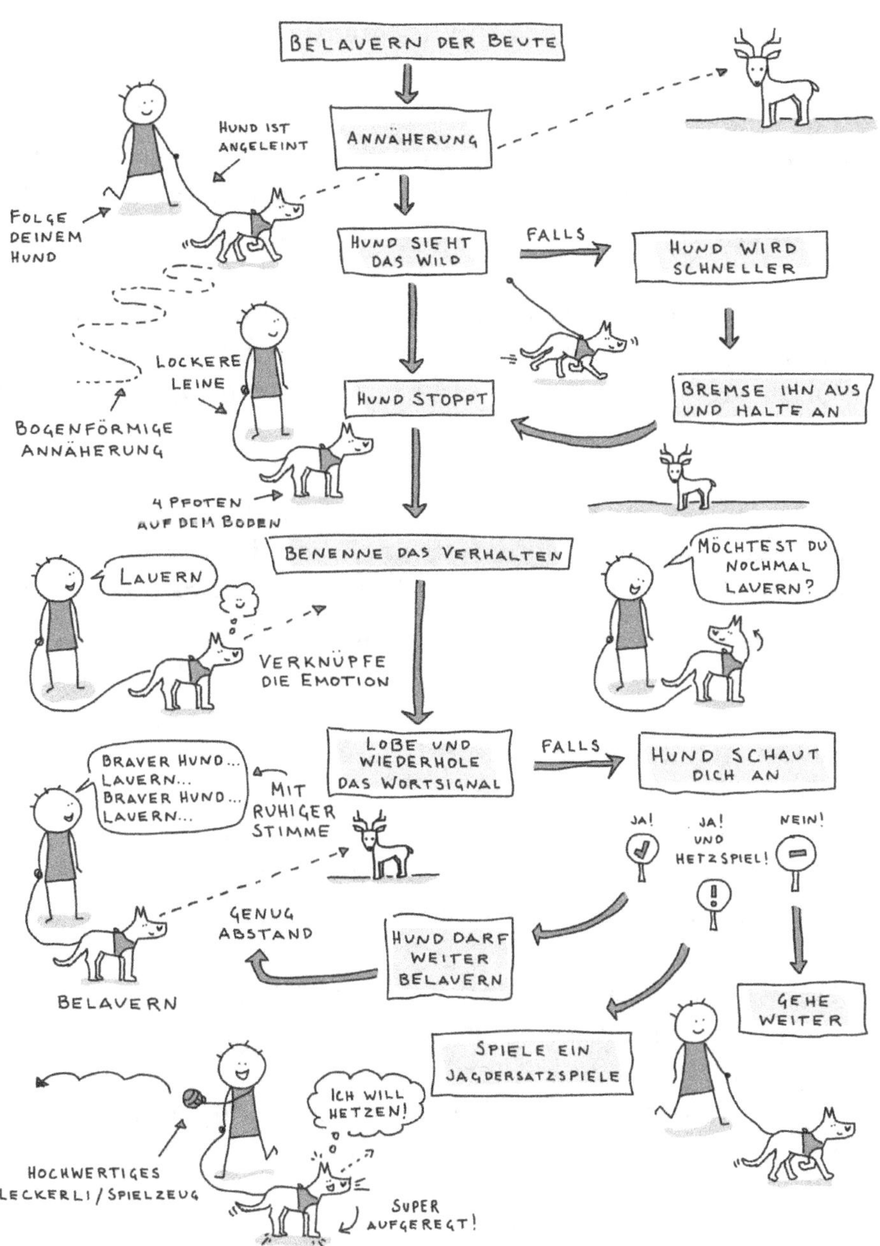

BELAUERN DER BEUTE
ANNÄHERUNG
HUND IST ANGELEINT
FOLGE DEINEM HUND
LOCKERE LEINE
BOGENFÖRMIGE ANNÄHERUNG
4 PFOTEN AUF DEM BODEN
HUND SIEHT DAS WILD
FALLS
HUND WIRD SCHNELLER
BREMSE IHN AUS UND HALTE AN
HUND STOPPT
BENENNE DAS VERHALTEN
LAUERN
VERKNÜPFE DIE EMOTION
MÖCHTEST DU NOCHMAL LAUERN?
LOBE UND WIEDERHOLE DAS WORTSIGNAL
FALLS
HUND SCHAUT DICH AN
BRAVER HUND...
LAUERN...
BRAVER HUND...
LAUERN...
MIT RUHIGER STIMME
JA!
JA! UND HETZSPIEL!
NEIN!
GENUG ABSTAND
HUND DARF WEITER BELAUERN
GEHE WEITER
BELAUERN
SPIELE EIN JAGDERSATZSPIELE
ICH WILL HETZEN!
HOCHWERTIGES LECKERLI / SPIELZEUG
SUPER AUFGEREGT!

Was kann schiefgehen?

1. Die Schwelle zum Hetzen wird nicht erkannt:

Ein häufiger Fehler beim Training des „Lauerns" ist, dass die Schwelle zum Hetzmodus nicht erkannt wird und der Hund sich bereits in einem anderen Teil der Jagd-Sequenz befindet als „Lauern".

Hunde sind nur in der Lage zu lernen, wenn sie die Schwelle zum Hetzmodus noch nicht überschritten haben.
Woher weiß ich, dass mein Hund noch unter dieser Schwelle ist?

Dafür gibt es zwei Anzeichen, an denen sich gut ablesen lässt, ob dein Hund gedanklich noch bei dir ist: Erstens steht dein Hund ruhig mit vier Pfoten auf dem Boden und zweitens kann er von allein stehen, was bedeutet, dass die Leine locker ist.

2. Der Hund schaut nicht auf den Auslöser, er schaut immer zu dir:

- Nimm dir Zeit, atme langsam ein und aus und entspanne deinen ganzen Körper, sodass deine Hand, die die Leine hält, ganz locker ist.
- Lege alle Leckerlis und Spielzeuge weg, damit dein Hund nicht von ihnen abgelenkt wird.
- Greife nicht in die Leckerli-Tasche, bevor dein Hund das gewünschte Verhalten zeigt. Vermeide auch laute, raschelnde Geräusche durch die Leckerli-Tasche – dein Hund kennt dieses Geräusch!
- Am wichtigsten ist, dass du nicht zu deinem Hund zurückschaust! Schau stattdessen selbst auf die „Beute". Irgendwann wird sich dein Hund umdrehen und deinem

Blick folgen, um zu sehen, was du anschaust. Das ist der Moment, in dem du ruhig anfängst, das Signal zu geben und zu loben: „Braver Junge/Mädchen - sieh es - braver Junge/Mädchen - sieh es ...“

3. Der Hund schaut auf den Auslöser, aber dann orientiert er sich die ganze Zeit an dir:

- Beachte die unter Punkt 2 genannten Punkte.
- Sobald dein Hund die „Beute“ ansieht, lobst du ihn mit leiser, ruhiger Stimme. Wiederhole dies mehrere Male, wie ein Mantra.
- Wenn dein Hund sich umdreht, um dich anzusehen, hör sofort auf zu sprechen.
- ·Schau auf den Auslöser und warte. Sobald dein Hund sich wieder der „Beute“ zuwendet, lobst du ihn und gibst ihm erneut ein Signal, das sein Verhalten verstärkt. Vergiss dabei nicht, dass auch das Lauern an sich ein sich selbst verstärkendes Verhalten ist. Wenn du glaubst, dass ein Leckerli helfen kann, kannst du gerne eines geben. Achte dabei aber darauf, dass dein Hund noch in Position ist und die „Beute“ aktiv ansieht.

Fragen, die während des Trainings des Lauerns aufkommen können:

Woher weiß ich, wann ich meinen Hund WEG vom Auslöser belohnen muss und wann ich ihn einfach ruhig loben und weitergehen kann, nachdem er sich von der „Beute“ gelöst hat?

Um ehrlich zu sein, ist das der schwierigste Teil dieses Trainings. Dabei kommt es ganz darauf an, deinen Hund und seine Körpersprache zu lesen und zu spüren, was er in diesem Moment braucht.

Option 1: Dein Hund ist ruhig, während er die „Beute" belauert, und kann sich leicht lösen. Seine Körpersprache ist ganz entspannt, er ist immer noch in der Lage, Unterbrechungssignale zu zeigen (z. B. blinzeln, mit einem Ohr zucken etc.). Solange er diese Signale zeigt, kannst du ihn ruhig loben und ihn auffordern, weiter zu lauern.

Option 2: Wenn die Körpersprache deines Hundes angespannt ist, und er wie „erstarrt" scheint, ist er vermutlich wie ein Pfeil vor dem Abschuss: Kurz vorm Losflitzen und bereit, in den nächsten Teil der Jagd-Sequenz zu rutschen: Die Hetzjagd. Ist dein Hund jetzt noch in der Lage, sich von der „Beute" zu lösen und sich bei dir umzuorientieren, anstatt loszuhetzen, verdient er ein dickes Lob: Das ist eine tolle Leistung! Erinnere dich an das, was wir bereits über funktionale und bedürfnisorientierte Belohnungen besprochen haben. Gib deinem Hund, was er braucht: eine Ersatzversion des Hetzens. Wirf ein besonderes Leckerli oder ein Spielzeug WEG vom Auslöser. Lobe deinen Hund enthusiastisch mit Worten. Gib ihm etwas Zeit, um die „Beute" in Besitz zu nehmen und sie herumzutragen. Erlaube ihm dann, aus dem Futterbeutel zu fressen und streue ein paar Leckerlis, um ihn wieder zu beruhigen. Versuche, die Erregungskurve der Jagd zu imitieren, die wir später in diesem Trainingshandbuch noch kennenlernen werden.

Mein Hund belauert immer noch den Auslöser, aber wir müssen weiter. Wie bekomme ich ihn dazu, weiterzugehen?

Generell solltest du deinem Hund erlauben, den Auslöser so lange anzuschauen, wie er es möchte.

Wenn du aus irgendeinem Grund weitergehen musst, tritt seitlich in das Blickfeld deines Hundes. Bewege nun deine Hand vor seinem Gesicht und sprich deinen Hund mit seinem Namen an oder mache ein Kussgeräusch, um seine Aufmerksamkeit zu erlangen. Wenn er sich zu dir umdreht, markiere das Verhalten mit einem Klick oder deinem Markersignal und bewege dich dabei weg vom Auslöser. Belohne ihn mit einem Leckerli oder einem Spielzeug, welches du in die entgegengesetzte Richtung, also WEG vom Auslöser wirfst.

Reagiert dein Hund immer noch nicht, tippe ihm leicht auf den Hintern - nicht fester, als wenn du jemandem auf die Schulter klopfst. Das Tippen ist an dieser Stelle keine Strafe, sondern dient nur dem Erwecken der Aufmerksamkeit deines Hundes. Sobald er reagiert, markiere und gehe rückwärts, während du ein Kussgeräusch machst. Belohne ihn mit einem Spielzeug oder Leckerli, welches du in die entgegengesetzte Richtung, also WEG vom Auslöser wirfst.

Vorsicht beim Antippen: Hüte dich vor umgeleiteter Aggression, wenn dein Hund es nicht gewohnt ist, auf den Hintern getippt zu werden. Er könnte so sehr auf die „Beute" konzentriert sein, dass er alles um sich herum völlig vergessen hat und mit Aggression auf die Unterbrechung reagiert. Bist du dir nicht sicher, wie dein Hund auf Antippen reagiert, trainiere dies lieber erst zu Hause mit Hilfe von Leckerlis, bevor du diese Methode draußen einsetzt.

Die Trainingsmethode für das Antippen ist: Antippen - Leckerli - Antippen - Leckerli - Antippen ... warten: Erwartet dein Hund jetzt ein Leckerli?

Wenn ja: Du hast jetzt eine positive, emotionale Reaktion bei deinem Hund hervorgerufen, nachdem er angetippt wurde. Nun kannst du diese Methode auch draußen anwenden.
Wenn Nein: Wiederhole das Antippen und Leckerli geben, bis dein Hund nach dem Antippen ein Leckerli erwartet.
Mein Hund lauert sehr intensiv, und ich habe Angst, dass er gleich in den Hetzmodus übergeht:

Das Überschreiten der Schwelle sollte nicht oft vorkommen, um zu vermeiden, dass mit dem Lauern auch gleich ein hoher Erregungsgrad in Verbindung gebracht wird. Aber: Es wird unweigerlich von Zeit zu Zeit vorkommen.

Wenn du Angst hast, dass dein Hund die Schwelle zum Hetzen überschreitet, wende dieselben Methoden an wie wenn du weitergehen musst (s.o.): Gehe seitlich in das Blickfeld deines Hundes, bewege deine Hand vor seinem Gesicht und spreche deinen Hund mit seinem Namen an oder mache ein Kussgeräusch, um seine Aufmerksamkeit zu erregen. Wenn er sich zu dir umdreht, markiere sein Verhalten mit Markerwort oder Klick und bewege dich dabei weg vom Auslöser. Belohne ihn mit einem Leckerli oder einem Spielzeug, welches du in die entgegengesetzte Richtung, also weg vom Auslöser wirfst.

Reagiert dein Hund immer noch nicht, klopfe ihm leicht auf den Hintern - nicht fester, als wenn du jemandem auf die Schulter klopfst. Das Klopfen ist an dieser Stelle keine Strafe, sondern dient nur dem Erwecken der Aufmerksamkeit deines Hundes. Sobald er reagiert, verstärke sein Verhalten mit einem positiven Signal und gehe rückwärts, während du ein Kussgeräusch machst. Belohne ihn mit einem Spielzeug oder Leckerli, WEG vom Auslöser.

Bringe Abstand zwischen euch und den Auslöser, bis du den Punkt erreicht hast, an dem dein Hund ruhig stehen bleiben und beobachten kann. Versuche das gemeinsame Lauern jetzt noch einmal – auch wenn es ein langsamer Prozess sein mag, das Training lohnt sich für euch beide!

Mein Hund bellt und ist nicht in der Lage, mit vier Pfoten auf dem Boden ruhig zu lauern:

Wahrscheinlich seid ihr zu nah am Auslöser. Dein Hund ist nicht in der Lage zu lernen, wenn er zu aufgeregt ist. Nutze den „Unterbrecher", der später in diesem Buch beschrieben wird, um dich mit deinem Hund vom Auslöser zu entfernen und es aus einer größeren Entfernung erneut zu versuchen.

Ist dein Hund völlig überfordert und reagiert auf keine deiner Maßnahmen mehr, nimm ihn als letzten Ausweg am Geschirr und führe ihn aus der Situation heraus.

Beherrscht dein Hund das Belauern und ist in der Lage, ohne ständige Umorientierung an dir die "Beute" zu belauern, dann seid ihr bereit für Stufe 2.

Belauern Phase 2:
Bringe ein Alternativverhalten ins Spiel

Wenn dein Hund gelernt hat, was das Signal „Sieh es!" oder „Schau!" bedeutet, und er in verschiedenen Situationen und Umgebungen langes und ruhiges Lauern zeigen kann, kannst du ihn auffordern, während des Lauerns ein Alternativverhalten zu zeigen.

Das Alternativverhalten sollte mit dem unerwünschten Verhalten des Jagens unvereinbar sein und außerdem etwas sein, das dein Hund gerne tut. Es muss leicht auszuführen sein und sollte bereits solide trainiert worden sein.

In meinem eigenen Training verwende ich hier „Sitz". Sitzen hat verschiedene Vorteile: Der Hund kann während des Lauerns sitzen, ohne das Belauern zu unterbrechen. Den meisten Hunden fällt das „Sitz" außerdem sehr leicht, da es vorher viel geübt und belohnt wurde und vielleicht sogar das erste Signal war, das sie je gelernt haben.

Warum macht es Sinn, zwischen dem Lauern und dem Markersignal ein Alternativverhalten abzufragen?

Ein Alternativverhalten während des Belauerns zu Nutzen drei Funktionen:

1. Die Position deines Hundes wird stabiler. Die meisten Hunde laufen eher los, wenn sie im Stand sind. Das Sitzen hingegen wurde meist schon oft in Kombination mit „Bleiben" trainiert. Für einen Hund ist es oft klarer, dass er bei „Sitz" bleiben soll, wo er ist.

2. Das Ausführen eines erlernten Verhaltens, wie Sitzen, aktiviert den denkenden Teil des Gehirns. Während des Lauerns schaltet der Hund höchstwahrscheinlich auf einen primitiven Teil des Gehirns um, der für Gefühle und Instinkte zuständig ist. Indem wir ihn ein erlerntes Verhalten ausführen lassen, holen wir ihn aus seiner eigenen Hundewelt in unsere Menschenwelt zurück, was ihn für uns zugänglicher macht und die Wahrscheinlichkeit verringert, dass er losläuft.

3. Die Aufforderung, das Alternativverhalten auszuführen, stellt ein Überprüfen des Erregungsniveaus des Hundes dar. Fordere deinen Hund auf, das Alternativverhalten auszuführen. Das ist in diesem Fall kein Befehl, sondern eher eine Frage: „Fido, kannst du dich setzen?" Indem du deinen Hund fragst, ob er sitzen kann oder nicht, kannst du sein Erregungsniveau überprüfen. Wenn er nicht in der Lage ist, sich zu setzen, oder du ihn mehrmals auffordern musst, bevor er es tut, besteht möglicherweise eine erhöhte Gefahr, dass er doch anfängt zu hetzen. Versuche in diesem Fall, das Lauern mit Hilfe eines positiven Verhaltensunterbrechers wie z.B. einem Handtouch zu unterbrechen. Alternativ tritt seitlich in das Blickfeld deines Hundes, bewege deine Hand und sprich deinen Hund mit seinem Namen an oder mach ein Kussgeräusch. Wenn er sich zu dir umdreht, markiere sein Verhalten mit einem Klick oder eurem Markerwort und bewege dich dabei weg vom Auslöser. Belohne ihn, indem du

ein Leckerli oder ein Spielzeug in die entgegengesetzte Richtung, also weg vom Auslöser wirfst.

Reagiert dein Hund immer noch nicht, tippe ihm leicht auf den Hintern - nicht fester, als wenn du jemandem auf die Schulter klopfst. Das Antippen ist an dieser Stelle keine Strafe, sondern dient nur dem Erwecken der Aufmerksamkeit deines Hundes. Sobald er reagiert, markiere das Verhalten mit deinem Markerwort und gehe rückwärts, während du ein Kussgeräusch machst. Belohne ihn mit einem Spielzeug oder Leckerli, WEG vom Auslöser.

Vergrößere den Abstand zum Auslöser, bis dein Hund in der Lage ist, die „Beute" mit vier Pfoten auf dem Boden ruhig zu beobachten, und beginne das Belauern erneut.

So trainierst du das Alternativverhalten

Sobald du eine potentielle Beute wahrnimmst, nehme deinen Hund an die Leine. Falls dein Hund das Tier noch nicht wahrgenommen hat und du dich weiter annähern möchtest, dann tue dies nicht in gerader Linie, sondern gehe einen Bogen. Versuche dabei immer, hinter deinem Hund zu bleiben.

Sobald dein Hund den Auslöser ebenfalls wahrgenommen hat, bleibst du stehen. Wenn dein Hund dem Auslöser zu nahe kommt, oder wenn er seine Geschwindigkeit erhöht, verlangsame deinen Hund sanft bis zum Stopp.

Gehe nun nicht mehr weiter.

Lobe deinen Hund mit ruhiger Stimme, solange er sich an den Auslöser belauert, und wiederhole das Signal „super - lauern - prima machst du das - lauern ..."

Dann frage nach dem alternativen Verhalten: „Fiffi, kannst du dich setzen?"

Wenn dein Hund sitzt und aus dieser Position weiter lauert, lobe ihn erneut: „super - lauern - prima machst du das - lauern ..."

Wenn dein Hund nicht in der Lage ist, sich zu setzen, fordere ihn erneut auf. Kann er sich immer noch nicht hinsetzen, unterbrich das Lauern mit einem positiven Verhaltensunterbrecher, z. B. einem Handtouch und vergrößere den Abstand zwischen euch und dem Auslöser, bis dein Hund in der Lage ist, die „Beute" ruhig mit vier Pfoten auf dem Boden zu beobachten. Nun beginne das Training zum „Belauern" erneut.

Meine Hündin Isla belauert eine "Beute" und zeigt dabei das Alternativverhalten: SITZ.

Die ersten Schritte zum sicheren Belauern von Wildtieren

Das Problem bei der Arbeit mit Jagdverhalten ist, dass du die Umgebung nicht so gut kontrollieren kannst wie bei anderem Training. Schließlich kannst du kein Reh bitten, um 15.00 Uhr auf deinem Spaziergang aufzutauchen, damit du deinen Hund trainieren kannst!

Du kannst dich jedoch in Gegende begeben, von denen du weißt, dass dein Hund dort wahrscheinlich einem Tier begegnen wird. Wenn du zum Beispiel weißt, dass sich in der Nähe Kühe auf einem Feld befinden, kannst du das als Trainingsmöglichkeit nutzen. In der Regel sind Kühe ziemlich ruhig, sie neigen nicht dazu, herumzustürmen oder viel Lärm zu machen, also können sie ein guter Ort für den Anfang sein. Achte darauf, dass dein Hund weit genug von den Kühen entfernt ist, damit er sich noch in einem denkenden Zustand befindet und ruhig auf deine Signale hören kann. Erlaube ihm, die Kühe ruhig und gelassen zu beobachten und belohne ihn, wenn er das tut. So bringst du deinem Hund bei, dass das Stehenbleiben und Belauern der Tiere eine gute Option ist, die sich für ihn auszahlt. Die meisten Hunde sind sich dessen nicht bewusst und hetzen stattdessen sofort jedes Wild, das sie sehen. Es liegt also an uns, ihnen beizubringen, dass ruhiges Belauern besser ist als sinnloses Jagen.

Um deinen Hund erfolgreich zu trainieren, solltest du nicht warten, bis du tatsächlich auf wilde Tiere triffst, die du nicht kontrollieren kannst.

Versuche stattdessen, FÜR die Situation zu trainieren, indem du das winzige Anzeigen von Wildtieren einfängst und damit eine solide Verstärkung des gewünschten Verhaltens aufbaust, bevor du zu Wildtieren übergehst, die für den Hund sichtbar sind.

Hier erfährst du, wie du deinem Hund beibringen kannst, beim Anblick von Wildtieren ruhig zu bleiben:

Gehe hinter deinem Hund und immer wenn er DENKT, dass ein Wildtier im Gebüsch ist und kurz stehen bleibt, bleibst du ebenfalls stehen und lobst ihn mit dem Signal für das Jagdverhalten, wie „lauern - prima machst du das - lauern - ganz toll..." so lange dein Hund steht und lauert.

Dein Hund wird bald merken, dass dort nichts ist, aber wenn er sich jetzt zu dir umorientiert, markiere das Verhalten mit deinem Markerwort oder Klick und wirf ein Leckerli in die entgegengesetzte Richtung – also weg vom Auslöser.

Extra-Tipp:
Du kannst sogar eine Trainingssituation auslösen, indem du heimlich einen Stein ins Gebüsch wirfst. Versuche beim Loben immer den Moment einzufangen, in dem dein Hund steht und ins Gebüsch starrt. Am besten hältst du deinen Hund an einer langen Leine, damit er nicht wegläuft oder versucht zu hetzen.

Teil 3: Ventil durch Jagdersatzspiele

Wir können unseren Hunden nicht erlauben, ein lebendes Tier zu hetzen, zu packen oder zu töten - egal, wie natürlich dieses Verhalten für sie ist. Das ist ein absolutes No-Go! Dennoch haben unsere Hunde diese angeborenen Bedürfnisse. Anstatt zu versuchen, dieses komplett zu unterdrücken, können wir ihnen aber zumindest die „zuckerfreie" Version des echten Stoffes geben. Deshalb spielen wir als verantwortungsbewusste Hundehalter Spiele, die Teile der Jagdverhaltenskette nachahmen, um unseren Hunden ein Ventil für ihre jagdliche Energie zu geben.

Die Jagdersatzspiele sind alles einfache Spiele, die du auf deinen Spaziergängen spielen kannst. Sie können auch als funktionale Verstärker nach einem erfolgreichen Rückruf dienen. Dann sind sie einfach eine Belohnung dafür, dass dein Hund einen Auslöser nicht gejagt hat.

Lass deinen Hund bei diesen Spielen Hund sein!

Bevor wir zu den Spielen kommen, sollten wir uns ein paar Dinge ins Bewusstsein rufen: Bei diesen Spielen geht es NICHT um Impulskontrolle. Es geht NICHT darum, den Spaß zu unterbrechen, indem du deinen Hund aufforderst, ein Kommando auszuführen, bevor du ihm erlaubst, das Spiel als „Belohnung" zu spielen. Mit anderen Worten: Dieses hier ist das Kapitel, das einfach nur Spaß machen soll!

Bei jedem der folgenden Spiele erlaubst du deinem Hund, seinen Impulsen und Instinkten zu folgen und seine angeborenen Bedürfnisse auszuleben. Bei diesen Spielen geht es im Grunde darum, deinen Hund Hund sein zu lassen.

Deshalb solltest du deinen Hund, während du die Spiele vorbereitest, nur dann zum „Sitz und Platz" auffordern, wenn er dazu in der Lage ist, ohne dass du ihn korrigieren musst. Ist dein Hund nicht in der Lage, sich selbst zurückzuhalten, bitte einen Helfer, die Leine für dich zu halten oder binde die Leine um einen Baum, während dein Hund warten muss. Verlasse dich nicht darauf, dass dein Hund sich selbst beruhigen kann, wenn diese Spiele ihn ein bisschen auf Trab bringen sollen.

Das echte Zeug und die zuckerfreie Version
- eine Metapher -

Was ist der Unterschied zwischen Jagdersatz-Tools und Jagdersatzspielen?

Um den Unterschied zu verdeutlichen, möchte ich dir ein Beispiel aus unserer menschlichen Welt geben. Jeder weiß, dass übermäßiger Zuckerkonsum ungesund ist. Ich trinke aber dennoch gerne Cola und würde am liebsten jeden Tag Cola trinken. Das wäre nicht gesund, denn Cola enthält eine Menge Zucker. Ich sollte also nicht jeden Tag eine echte Cola trinken - aber ich kann zumindest eine Diät-Cola trinken. Nachdem ich sie getrunken habe, lässt das Bedürfnis nach Cola nach. Ich habe den angenehmen Geschmack genossen, der dem ursprünglichen Geschmack sehr nahekommt. Für mich ist eine zuckerfreie Cola also besser, als gar keine Cola zu trinken.

Das jagdliche Verhaltensmuster ist die zuckerhaltige Cola. Aber: Dieses kann für unsere Hunde schädlich sein. Jagdersatzspiele wie die „Verlorensuche auf der Rückspur" oder der „Würstchenbaum" sind die zuckerfreien Varianten. Wir bieten unseren Hunden so eine sichere Möglichkeit, ihre Bedürfnisse zu befriedigen, indem wir „zuckerfreie" Jagdersatzspiele spielen. Damit werden die unsicheren Teile der Jagd-Sequenz ausgeglichen, die unsere Hunde im echten Leben nicht ausführen können. Jagdersatzspiele können täglich und so oft gespielt werden, wie unsere Hunde es wollen. Von Zeit zu Zeit gibt es jedoch Gelegenheiten, bei denen wir unseren Hunden eine gesunde Portion des „Zuckerhaltigem" geben können. Hier kommen die Jagdersatz-Tools ins Spiel, wie z. B. das Suchen, das Wittern oder das Lauern auf einen Hinweis auf ein Beutetier. Sprechen wir also an dieser Stelle über das „echte Zeug": Die Jagdersatz-Tools. Obwohl ein übermäßiger Zuckerkonsum schlecht ist, kann ein bisschen Zucker glücklich machen. Angenommen, die Abfolge der jagdlichen Verhaltensweisen von der Orientierung bis zum Verzehr der Beute entspricht einer ganzen Flasche Cola.

Eine ganze Flasche Cola zu trinken ist nicht gesund. Aber ab und zu ist es in Ordnung, ein Glas echte Cola zu trinken. Indem wir die Jagdersatz-Tools, also die sicheren Teile der Jagd-Sequenz, in einem realen Kontext einsetzen, können unsere Hunde ab und zu „ein Glas echte Cola trinken". Das echte Zeug schmeckt viel besser und genau wie wir können unsere Hunde den Unterschied zwischen echtem Jagdverhalten und der „zuckerfreien" Version erkennen.

Ausrüstung für die Spiele

Um Jagdersatzspiele zu spielen, brauchst du viele Leckerlis. Die Leckerlis sollten schmackhaft, weich und leicht zu kauen sein, wie zum Beispiel gekochte Leber, geschnittener Käse oder Hot Dogs.

Außerdem brauchst du ein Spielzeug, das dein Hund liebt! Du kannst jedes Hundespielzeug verwenden, aber ich empfehle dir einen sogenannten Lotusball, einen Futterbeutel oder ein befüllbares Felldummy.

Ein Futterbeutel ist ein Spielzeug, das ursprünglich für die Ausbildung von Jagdhunden entwickelt wurde. Es sieht aus wie ein Federmäppchen mit einem Reißverschluss und kann mit Leckerlis gefüllt werden. Manche Futterbeutel sind außen sogar mit Kaninchen-, Schaf- oder Kunstfell überzogen, damit sie für den Hund noch attraktiver aussehen. Der Vorteil dieser Futterbeutel ist, dass sich Teile der jagdlichen Abfolge, wie das Packen und Schleudern, für den Hund viel authentischer anfühlen, wenn ein Fell zum Hineinbeißen vorhanden ist. Es ist sogar so authentisch, dass manche Hunde sofort anfangen, das Fell zu zerlegen.

Du kannst deinen Hund auch aus dem Futterbeutel oder dem Lotusball heraus füttern, wodurch der letzte Teil der Jagd-Sequenz nachgeahmt wird: Das Fressen der Beute. Dies wiederum führt zur Ausschüttung von Endorphinen, die deinen Hund beruhigen. Gib deinem Hund nicht einfach ein Leckerli aus dem Futterbeutel, sondern lass ihn seine Nase in den Futterbeutel stecken und das Gefühl genießen, seine Beute zu verzehren - dann kommen Befriedigung und das wertvolle „Cool Down" von allein.

Ein weiterer positiver Aspekt bei der Verwendung eines Futterbeutels ist, dass du nur den Reißverschluss oder Klettverschluss öffnen musst, um deinem Hund Zugang zu den Leckereien im Inneren zu geben. Erfolgreiches Jagen ist Teamwork! Dein Hund wird lernen, dass es von Vorteil ist, seine Beute mit dir zu teilen.

Du brauchst außerdem eine drei bis fünf Meter lange Leine oder eine zehn Meter lange Leine, die an einem gut sitzenden Geschirr befestigt ist. Ausziehbare Leinen und Leinen, die kürzer als zwei Meter sind, sind für diese bedürfnisorientierten Spiele nicht geeignet, da sie nicht genug Spiel- und Bewegungsfreiheit bieten.

Ausrüstung

Die Erregungskurve der Jagd
- und ihre Simulation -

Wenn ein Hund im „Jagdmodus" ist, wird in seinem Körper ein Hormoncocktail ausgeschüttet, der sein Verhalten und sein Erregungsniveau stark beeinflusst. Ist dein Hund bereit, ein Beutetier zu packen und zu töten, ist sein Körper bereits voll mit Adrenalin und Dopamin. Seine Schmerzwahrnehmung ist reduziert und er konzentriert sich nur noch auf das Objekt der Jagd. Das ist ein extrem starker Motivationsfaktor für deinen Hund: Stell dir vor, was es heißt, einem Wildschwein oder einem imposanten Hirsch in freier Wildbahn gegenüberzustehen und zu dieses oder diesen anzugreifen! Wenn dein Hund ein Tier hetzt, ist er vielleicht nicht einmal in der Lage, deine Rückrufversuche zu hören. Der „denkende" Teil seines Hundehirns ist bereits abgeschaltet. Hunde haben in diesem Zustand stattdessen einen ursprünglichen Teil ihres Gehirns eingeschaltet, der für ihre grundlegenden Emotionen und ihr instinktives Verhalten verantwortlich ist, bis die Jagd beendet oder abegbrochen wird.

Selbst nach dem Töten der Beute dauert es eine Weile, bis die starke Wirkung der Hormone abklingt. Deshalb wird dein Hund die Beute auch noch eine Weile festhalten, bevor er sie zerlegt und verzehrt. Bei dieser Tätigkeit werden Endorphine ausgeschüttet, und du wirst feststellen können, dass dein Hund sich beruhigt. Wie bei allen Säugetieren hat der Akt des Kauens und Leckens eine natürliche beruhigende Wirkung auf sie, da das Fressen mit Ruhe verbunden ist.

Du kannst deinen Hund nach einer wilden Hetzjagd oder einem Zerrspiel aktiv entspannen, indem du bewusst die Teile der Jagd-Sequenz mit niedrigem Erregungsniveau aktivierst, um Endorphine auszuschütten. Diese Taktik reduziert die

Frustration, die sich unweigerlich einstellt, wenn das Spiel auf seinem Höhepunkt abrupt endet. Stell dir diese Technik als das hündische Äquivalent zu einem „Cool Down" nach einem anstrengenden Training im Fitnessstudio oder einer anstrengenden Übung vor. Mit anderen Worten: Du bist immer noch in Bewegung, die Endorphine fließen immer noch, aber du trainierst nicht mehr mit voller Kraft.

Viele Besitzer meinen es gut, und wollen ihren Hund auslasten, indem sie 20 Minuten lang einen Ball werfen, dann mit dem Hund nach Hause gehen und erwarten, dass der Hund müde ist und schläft, während sie zur Arbeit fahren. Das Problem ist, dass der Hund die beiden erregendsten Teile der Jagdverhaltenskette immer und immer wieder wiederholt hat: hetzen und zupacken. Jetzt ist er allein zu Hause und immer noch vollgepumpt mit Adrenalin und Dopamin. Er benötigt einen Cool Down, um die Erregung abzubauen und sich zu beruhigen. Deshalb zerreißt er vielleicht die Couch oder kaut auf dem Teppich herum, denn das sind die einzigen Bewältigungsmöglichkeiten, die ihm zur Verfügung stehen.

An dieser Stelle möchte ich betonen, dass ich nichts dagegen habe, wenn du ab und zu deinem Hund einen Ball wirfst! Ganz im Gegenteil, es ist wichtig für unsere Hunde, Dampf abzulassen und sich körperlich zu betätigen. Genauso wichtig ist es aber, dass dein Hund nicht überdreht und frustriert in einem übererregten Zustand verharrt. Beruhige ihn, indem du ihn seine „Beute" festhalten lässt, und erwarte nicht, dass er das Spielzeug sofort apportiert und dir gibt. Bewundere und lobe deinen Hund stattdessen aktiv für das, was er „gefangen" hat, und ermutige ihn, seine Beute herumzutragen. Wenn er sich beruhigt und das Spielzeug abgelegt hat, solltest du es nicht sofort wegnehmen. Nimm stattdessen ein paar Leckerlis und lege sie auf das Spielzeug, damit dein Hund die Leckerlis vom Spielzeug fressen kann, während du ihn in aller Ruhe dafür lobst, dass er so brav ist. Streue dann noch mehr Leckerlis um das Spielzeug herum und allmählich vom Spielzeug weg, um seine Energie in die „Fress- und Abkühlphase" der Jagd zu lenken. Erst dann nimmst du das Spielzeug und steckst es in deine Tasche oder außer Sicht- und Reichweite deines Hundes.

Streue auf dem Heimweg und im ganzen Haus weitere Leckerlis ins Gras und auf den Boden. Das Schnüffeln und Suchen nach Futter eignet sich hervorragend, um das Erregungsniveau deines Hundes auf natürliche Weise zu senken. Bevor du das Haus verlässt, um zur Arbeit zu gehen, gib deinem Hund noch etwas zum Kauen oder Schlecken, damit er sich beruhigt, während du weg bist. Dies verstärkt den „Cool-Down"-Prozess und ermöglicht es ihm, auf natürliche Weise zur Ruhe zu kommen.

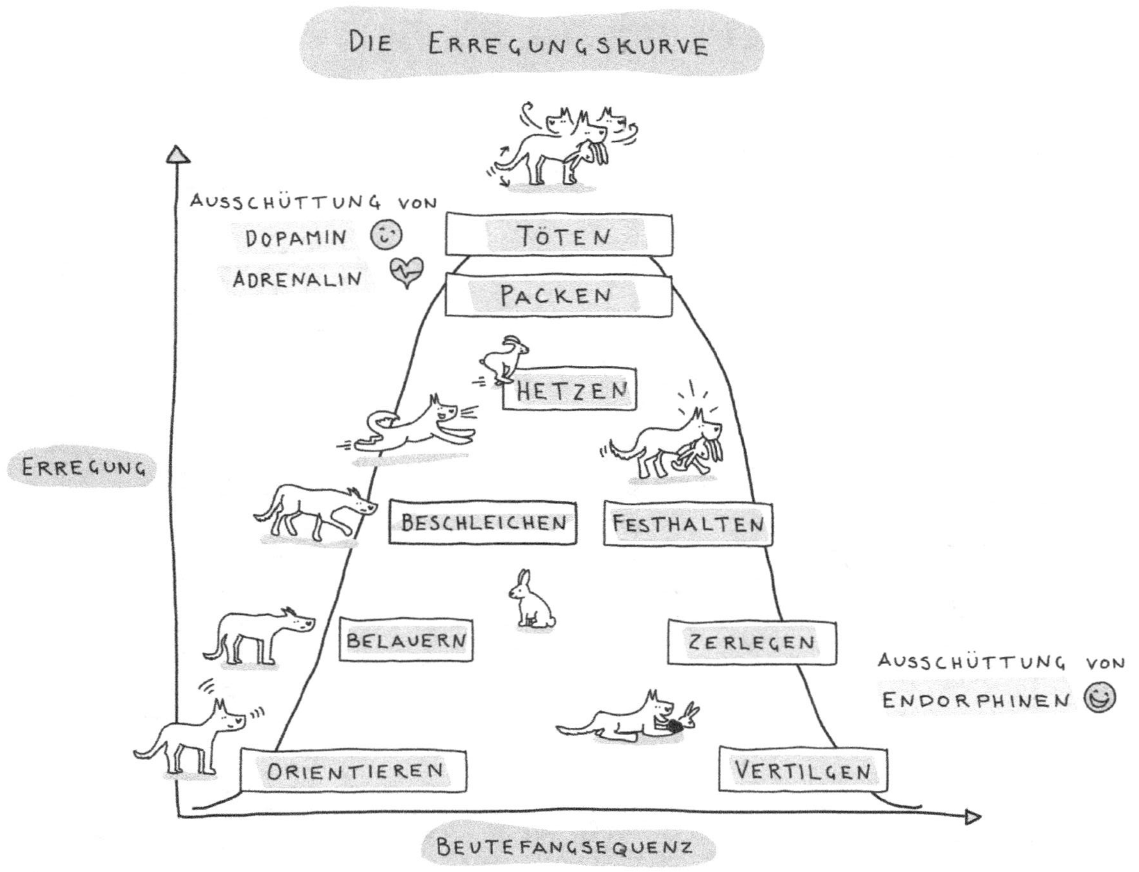

DIE ERREGUNGSKURVE
AUSSCHÜTTUNG VON
DOPAMIN
ADRENALIN
TÖTEN
PACKEN
HETZEN
ERREGUNG
BESCHLEICHEN
FESTHALTEN
BELAUERN
ZERLEGEN
AUSSCHÜTTUNG VON
ENDORPHINEN
ORIENTIEREN
VERTILGEN
BEUTEFANGSEQUENZ

Jagdersatzspiele im Überblick

Wir haben uns nun das Prinzip der Erregungskurve angeschaut und wollen es jetzt in die Tat umsetzen. Dafür findest du im Folgenden Spiele, die du mit deinem Hund spielen kannst.

Die freie Suche

Ein bedürfnisorientiertes Spiel für Hunde, die gerne suchen

In diesem Spiel schickst du deinen Hund mit seiner Nase auf die Suche nach einem versteckten Spielzeug oder Futterbeutel.

So trainierst du die "freie Suche"

Freie Suche: Schritt 1

Bitte einen Helfer, deinen Hund festzuhalten oder binde die Leine um einen Baum. „Verstecke" das Spielzeug oder den Futterbeutel dort, wo dein Hund ihn sehen kann. Schicke deinen Hund auf die Suche nach dem Futterbeutel. Sobald dein Hund ihn gefunden hat, freue dich mit ihm gemeinsam und belohne ihn!

Denke bei diesem Spiel daran: Es geht nur darum, Spaß zu haben und deinen Hund Hund sein zu lassen! Nachdem er seine versteckte Beute gefunden hat, fordere deinen Hund nicht auf, den Futterbeutel zu apportieren oder ihn loszulassen. Jedes Verhalten deines Hundes ist Lob und Bewunderung wert. Wenn dein Hund das Spielzeug in Besitz nehmen und damit herumlaufen will, lobe ihn dafür. Er führt Teile der

Jagd-Sequenz so aus, wie es in seinen Genen liegt. Er spielt nicht mit dir ein kontrolliertes Apportierspiel.

Wenn dein Hund sich mit der „Beute" hinlegt und am Fell knabbert, frag ihn, ob du den Futterbeutel für ihn öffnen sollst, damit er daraus fressen kann. Lege ein paar Leckerlis auf den Futterbeutel oder das Spielzeug und lass deinen Hund von dem Spielzeug fressen, um ihn weiter zu beruhigen. Streue schließlich einige Leckerlis vom Spielzeug weg auf den Boden. Während dein Hund mit der Suche nach den Leckerlis beschäftigt ist, steckst du das Spielzeug außer Sichtweite in eine Tasche oder einen Beutel.

Nanook spielt die freie Suche

Freie Suche: Schritt 2

Verstecke das Spielzeug oder den Futterbeutel außer Sichtweite im hohen Gras, hinter einem Felsen oder einem Baumstamm oder hänge ihn an Büsche oder Äste. Du kannst ihn sogar locker mit Sand oder Laub bedecken, um die Herausforderung zu erhöhen. Schicke deinen Hund dann auf die Suche nach dem Futterbeutel und lobe ihn ausgiebig, wenn er ihn gefunden hat. Befolge die Anleitungen aus Schritt 1, um deinen Hund zu beruhigen und den Futterbeutel zu entfernen.

Freie Suche: Schritt 3

Verstecke das Spielzeug oder den Futterbeutel an einem schwer zu erreichenden oder schwer zu findenden Ort, den dein Hund nicht sofort sehen kann. Schick deinen Hund nicht sofort auf die Suche, sondern tu so, als ob du die „Beute" an verschiedenen anderen Stellen versteckst. So hat er mehrere Möglichkeiten zu suchen, was die Aufregung und das Gefühl der Belohnung erhöhen wird, weil er die ganze Gegend absucht.

Das Lauer-Spiel

Ein bedürfnisorientiertes Spiel für Hunde, die gerne Belauern.

Bei diesem Spiel lernt dein Hund, mit vier Pfoten auf dem Boden zu bleiben und ein sich bewegendes Leckerli oder Spielzeug nur mit den Augen zu „verfolgen".

So trainierst du das Lauerspiel

Dein Hund sitzt oder steht neben dir oder vor dir. Lass deinen Hund wissen, dass das Spiel gleich beginnt, indem du ihm das verbale Signal „Lauern" gibst, das weiter oben im Buch im Kapitel über das Belauern auf Kommando beschrieben wurde. Warte einen Moment, bis dein Hund das Signal verarbeitet hat, und halte ihm dann für einen kurzen Moment ein Leckerli vor die Augen. Vergewissere dich, dass er mit allen vier Pfoten auf dem Boden steht und das Leckerli im Blick hat. Wirf das Leckerli dann in die Richtung, in die du deine Hand zuletzt bewegt hast und erlaube deinem Hund mit einem Freigabesignal "Lauf!" oder "Hol's dir!", hinterher zu springen.

Das Ziel bei diesem Spiel ist, dass dein Hund lernt, stehen zu bleiben und dem Leckerli geduldig mit den Augen zu folgen. Sobald er das kann, kannst du ihn länger lauern lassen oder sogar deine Handbewegungen variieren: mal hoch, mal runter ,mal nach links, mal nach rechts oder in einer Kurve, aber immer langsam und wie in Zeitlupe. Steigere langsam die Ablenkungen um euch herum, während ihr das Spiel gemeinsam übt.

Isla spielt das Lauerspiel

Was kann schiefgehen?

Mein Hund schaut nicht auf das Leckerli, sondern auf mich.

- Vielleicht musst du deine Hand näher an die Augen deines Hundes halten.
- Mein Hund springt auf das Leckerli zu.
- Halte deine Hand nicht vor die Schnauze deines Hundes, sondern über seinen Kopf und zwinge ihn so, mit den Augen zu schauen, anstatt gleich nach dem Leckerli zu schnappen.

Die Verlorensuche auf der Rückspur

Ein bedürfnisorientiertes Spiel für Hunde, die gerne hetzen, packen und stolz ihre Beute herumtragen.

In diesem Spiel lässt du deinen Hund einen Weg entlang hetzen und folgst deiner Spur zu einem verlorenen Spielzeug oder Futterbeutel auf dem Weg zurück.

So trainierst du die Verlorensuche auf der Rückspur

Verlorensuche auf der Rückspur: Schritt 1

Dein Hund steht neben dir auf einem Pfad oder Waldweg. Lass deinen Hund beobachten, wie du ein Spielzeug oder einen Futterbeutel hinter dir fallen lässt. Schicke ihn mit dem Signal „Verloren" zum Futterbeutel oder Spielzeug. Sobald dein Hund den Futterbeutel erreicht hat, lobe sein Verhalten und freue dich mit ihm!

Denke daran: Es geht nur darum, Spaß zu haben und deinen Hund Hund sein zu lassen! Nachdem er die „verlorene" Beute gefunden hat, fordere deinen Hund nicht auf, den Futterbeutel zu apportieren oder ihn loszulassen. Welches Verhalten dein Hund auch immer zeigt, ist Lob und Bewunderung wert. Wenn dein Hund das Spielzeug in Besitz nehmen und damit herumlaufen will, lobe ihn dafür. Er führt Teile der Jagd-Sequenz aus und spielt nicht mit dir ein kontrolliertes Apportierspiel.

Legt dein Hund sich mit dem Spielzeug hin und knabbert am Fell, frag ihn, ob du den Futterbeutel für ihn öffnen sollst, damit er daraus fressen kann. Lege ein paar Leckerlis auf den Futterbeutel oder das Spielzeug und lass deinen Hund aus dem Spielzeug fressen, um ihn weiter zu beruhigen. Streue schließlich einige Leckerlis vom Spielzeug weg auf den Boden. Während dein Hund mit der Jagd nach den Leckereien beschäftigt ist, steckst du das Spielzeug außer Sichtweite in eine Tasche oder einen Beutel.

Verlorensuche auf der Rückspur: Schritt 2

Lass deinen Futterbeutel hinter dich fallen, aber dieses Mal ohne, dass dein Hund es mitbekommt. Gehe ein paar wenige Schritte vorwärts und rufe deinen Hund. Gib deinem Hund das Signal „Verloren", um den Futterbeutel zu holen. Belohne deinen Hund, wenn er die „Beute" erreicht hat, mit viel Lob. Bewundere, was dein Hund mit dem Spielzeug anstellt, und füttere ihn am Ende aus dem Futterbeutel.
Verlorensuche auf der Rückspur: Schritt 3
Vergrößere allmählich den Abstand zwischen dem Fallenlassen des Futterbeutels oder des Spielzeugs und dem Signal „Verloren". Füge Kurven, Drehungen und Übergänge zwischen Weg und Grasflächen ein, um es für deinen Hund spannender zu machen.

Nanook spielt die Verlorensuche auf der Rückspur.

Ein paar Regeln zur Verlorensuche auf der Rückspur

Lass das Spielzeug immer auf einem Weg fallen! Verstecke es nicht. Bei diesem Jagdersatzspiel geht es darum, Beute zu sehen und zu hetzen, nicht darum, sie zu suchen.

Wenn dein Hund anfängt, rechts und links vom Weg zu suchen, anstatt auf dem Weg entlang zurückzulaufen, war es zu schwierig. Vereinfache das Spiel dann wieder.

Dein Hund muss das Spielzeug nicht apportieren und es dir zurückgeben, wenn er nicht will! Wenn er den Futterbeutel stolz herumtragen möchte, bewundere ihn für das, was er im Maul hat. Auch das „Besitzen" ist ein Teil der Jagd-Sequenz, und dein Hund sollte auch dies ausführen dürfen.

Leckerlikegeln

Ein bedürfnisorientiertes Spiel für Hunde, die gerne hetzen und packen.

 Für das Leckerlikegeln brauchst du ein paar größere Leckerlis oder kleine Fleischbällchen. Bei diesem Spiel geht es darum, einen visuellen Auslöser zu hetzen, also sollten die Leckerlis groß genug sein, damit dein Hund sie beim Werfen sehen kann.

Isla spielt das Leckerlikegeln

So trainierst du das Leckerlikegeln

- Kegele ein Leckerli weg von deinem Hund. Deine Bewegung sollte tatsächlich so aussehen, also würdest du kegeln.
- Warte, bis dein Hund das Leckerli gefunden und gefressen hat. In dem Moment, in dem dein Hund sich umdreht,

um nach mehr zu fragen, nimmst du ein weiteres Leckerli und wirfst es energisch in die andere Richtung. Wiederhole dies mehrere Male. Kegele die Leckerlis hin und her, bis dein Hund genug gehetzt hat.

* Vergiss nicht, der Erregungskurve zu folgen und deinen Hund wieder abkühlen zu lassen, indem du die Dynamik des fliegenden Leckerlis allmählich reduzierst. Wirf die letzten Leckerlis sanfter und nicht mehr so weit, bis du deinem Hund schließlich ein paar Leckerlis direkt aus der Hand gibst und ein paar weitere in der Nähe auf dem Boden verstreust, damit er sie suchen kann.

Die erbeutete Papiertüte

Ein bedürfnisorientiertes Spiel für Hunde, die gerne packen und reißen.

In diesem Spiel wird dein Hund „töten", d.h. eine Papiertüte packen und „reißen". Es handelt sich hierbei um eine Abwandlung der Spiele „Freie Suche" und „Verlorensuche auf der Rückspur". Statt eines Spielzeugs oder Futterbeutels nimmst du etwas, das dein Hund tatsächlich zerreißen kann, nachdem er es gefunden hat.

Nimm also eine Papiertüte, Butterbrotpapier, Geschenkpapier, eine Klopapierrolle oder eine kleine Kartonschachtel und fülle ein paar Leckerlis hinein. Anstatt ein Spielzeug zu verstecken oder zu „verlieren", kannst du mit der gefüllten Papiertüte die Spiele „Freie Suche" und „Verlorensuche auf der Rückspur" spielen. Du kannst auch zum Abschluss des Leckerlikegelns eine gefüllte Papiertüte "kegeln". Hat dein Hund die künstliche Beute gefunden, kann er sie zerrupfen und die Leckerlis darin fressen, genau wie bei einer natürlichen Beute.

Hunde lieben das Geräusch und das Gefühl, Papier oder Stoff zu zerreißen, denn das Zerlegen und Verzehren von Beute ist ein befriedigender Teil der Jagd-Sequenz. Wenn du feststellst, dass dein Hund anfangs von der Papiertüte oder dem Karton verwirrt ist und nicht so recht weiss, was er damit anstellen soll, hilf ihm, indem du das Papier mit ihm gemeinsam zerreißt, und ermutige ihn, dieses Gefühl gemeinsam mit dir zu genießen.

Extra-Tipp:
Nimm auf deinem Spaziergang eine mit Leckerlis gefüllte Klopapierrolle mit und wirf sie als Überraschungsbelohnung nach einem Rückruf. Dein Hund wird positiv überrascht sein und in Zukunft noch lieber zu dir zurückkommen.

Nanook spielt „Die erbeutete Papiertüte"

Der Würstchenbaum

Ein bedürfnisorientiertes Spiel für Hunde, die gerne suchen und fressen.

Der Würstchenbaum ist ein sehr einfaches Spiel, aber es deckt den ersten und den letzten Teil der Jagd-Sequenz ab: Suchen und Fressen. Beides ist mit einem niedrigen Erregungsniveau verbunden, was dieses Spiel zu einer hervorragenden Wahl für einen Cool Down macht.

Beim Suchen und Fressen schließt sich der Kreis der Jagdsequenzen. Nach dem erregenden Hetzen wird schließlich Dopamin ausgeschüttet und beruhigt das System deines Hundes. Die Jagd ist zu Ende, und dein Hund ist leichter zu kontrollieren, nachdem er diesen sehr wichtigen Teil der jagdlichen Abfolge abgeschlossen hat. Nach diesem Spiel fühlt dein Hund sich also ruhig, entspannt und zufrieden.

Isla spielt den Würstchenbaum.

Wilde Hunde verbringen jeden Tag Stunden mit der Nahrungssuche. Dieses Verhalten gibt ihrem Tag nicht nur Struktur und Sinn, sondern liefert auch die Nahrung, die sie zum Überleben brauchen. Um dieses Verhalten bei deinem Haushund nachzuahmen und zu fördern, wirf eine Handvoll Leckerlis ins Gras, streue Leckerlis in heruntergefallene Blätter oder stecke Käse- oder Wurststücke an die untersten Zweige und Äste eines Baumes oder Busches, die dein Hund erreichen kann, bevor du ihn auf die Suche schickst. Der Würstchenbaum sollte am Ende jeder Trainingseinheit zum Thema Jagdverhalten einmal gespielt werden.

So werden die Jagdersatzspiele zu funktionalen, bedürfnisorientierten Verstärkern

Wie der Mensch hat auch der Hund angeborene Bedürfnisse. Um diese Bedürfnisse zu befriedigen, zeigen Hunde bestimmte Verhaltensweisen. Befriedigen die Ergebnisse die angeborenen Bedürfnisse, dann wird das Verhalten als „funktional" bezeichnet. Weiß der Hund, dass eine Handlung X zur Erfüllung des Bedürfnisses Y führt, wird er diese Handlung in Zukunft instinktiv ausführen, um seine Bedürfnisse zu befriedigen. Ist das Verhalten dagegen nicht funktional und seine Bedürfnisse werden nicht erfüllt, wird er dieses Verhalten logischerweise reduzieren oder abstellen: Hunde sind in Bezug auf ihre Bedürfnisse sehr effizient.

Wenn dein Hund ein Reh sieht, treibt sein Instinkt ihn an, das Reh zu hetzen. Rufst du deinen Hund zurück, wendet er sich vielleicht von dem Reh ab und läuft stattdessen zu dir. Macht er dies, könntest du ihm einen Keks anbieten - aber das erfüllt immer noch nicht seine angeborenen Bedürfnisse. Obwohl der Keks essbar ist, ist er keine „Beute". Da keine Befriedigung des natürlichen Bedürfnisses erfolgt, bleibt das Erregungsniveau hoch und sein Instinkt sagt dem Hund weiterhin, er solle hetzen, packen und töten. Dass er diese innere „Befehlskette" nicht ausführen kann, führt dazu, dass der Hund sich nicht abregen kann, auch dann nicht, wenn er zu dir zurückkommt, um sein Leckerli abzuholen. Das bedeutet, dass dein Hund dieses Verhalten in Zukunft weniger oft zeigen und deinen Rückruf beim nächsten Mal vielleicht sogar ignorieren wird. Deshalb funktioniert das Verhalten, deinem Rückruf zu folgen und zu dir zurückzukehren, oft nur unzuverlässig.

Selbst wenn du ihm superleckeres Hühnchen statt eines trockenen Kekses anbietest, handelt es sich immer noch nicht um eine funktionale Belohnung. Ja, auch dieses ist essbar bestimmt schmackhafter als der Keks, aber was dein Hund in diesem Szenario wirklich will, ist auf die Jagd gehen: Hetzen, beißen, töten und erst dann fressen.

Das ist der Grund, warum unser Rückruf so oft ungehört bleibt, selbst wenn wir unsere Signale mit superleckeren Leckerlis verstärken, die unser Hund liebt. Fressen ist keine funktionale, bedürfnisorientierte Belohnung in einer Situation, in der unser Hund hetzen will. Obwohl das Fressen überlebenswichtig ist, hat dein Hund diese kleine Hundestimme in seinem Kopf, die mit ihm auf die Jagd gehen will.
Funktionale, bedürfnisorientierte Verstärker sind starke Belohnungen, da sie deinem Hund tatsächlich das geben, was er braucht, um seine jagdliche Energie in eurem Spieltraining oder bei eurem Ausflug zu einem natürlichen Ende zu bringen.

Übung:

Sieh dir noch einmal die Liste der Lieblingsbeschäftigungen deines Hundes an und überlege dir funktionale, bedürfnisorientierte Belohnungen, die du deinem Hund geben kannst. Was ahmt die Teile der Jagd-Sequenz nach, die dein Hund besonders gerne ausführt?

Einige Beispiele für funktionale und bedürfnisorientierte Verstärker:

Funktionale Verstärker für Hunde, die gerne scannen, wittern und suchen:
- Einsatz von Jagdersatz-Tools wie Wittern und Scannen
- Jagdersatzspiele wie Leckerli-Streuen im Gras spielen

- Die „Freie Suche" mit einem Futterbeutel spielen
- Das Spiel „Würstchenbaum" spielen

Funktionale Verstärker für Hunde, die gerne visuell beobachten und lauern:

- Einsatz von Jagdverhalten-Tools wie Belauern von Beute
- Jagdersatzspiele spielen, wie das Lauer-Spiel
- Funktionale Verstärker für Hunde, die gerne hetzen:
- Spielen von Jagdersatzspielen wie „Die Verlorensuche auf der Rückspur"
- Das Spiel "Leckerlikegeln" mit einem Leckerli, Spielzeug oder Futterbeutel spielen

Funktionale Verstärker für Hunde, die gerne packen und reißen:

- Spielen von Jagdersatzspielen wie „Die Verlorensuche auf der Rückspur"
- Das Spiel "Leckerlikegeln" mit einem Leckerli, Spielzeug oder Futterbeutel spielen
- Ein Zerrspiel spielen oder ein in die Luft geworfenes Leckerli fangen
- Funktionale Verstärker für Hunde, die gerne ihre Beute herumtragen
- Spielen von Jagdersatzspielen wie „Die Verlorensuche auf der Rückspur"
- Das Spiel "Leckerlikegeln" mit einem Leckerli, Spielzeug oder Futterbeutel spielen
- Funktionale Verstärker für Hunde, die gerne reißen:
- Jagdersatzspiele wie „Die erbeutete Papiertüte" spielen
- Zu Hause Kartons, Papiertüten, Geschenkpapier oder Klopapierrollen mit Leckerlis füllen und den Hund sie zerreißen lassen
- Beschäftigungsspielzeug wie z.B. gefüllte Kongs, Likimats, Futterpuzzles usw.

Funktionale Verstärker für Hunde, die gerne fressen:

- Jagdersatzspiele wie „Die Verlorensuche auf der Rückspur" und „Freie Suche" mit einem Futterbeutel spielen, bei denen sie Leckerlis aus der „Beute" essen können
- Das Spiel "Leckerliskegeln", den "Würstchenbaum" oder „die erbeutete Papiertüte" spielen
- Leckerlis im Gras oder im Laub verstreuen.

Teil 4: Notfall-Signal als Sicherheitsnetz

Irgendwann wirst du sicherlich bei einem Spaziergang eine unerwartete Begegnung mit Wildtieren haben. Überschreitet dein Hund in dieser Situation aufgrund seiner Aufregung die Schwelle zum Hetzen, ist es deine Aufgabe, sein Verhalten schnell und zuverlässig zu unterbrechen. Andernfalls kann es für das potenzielle Beutetier und auch für deinen Hund gefährlich werden. Daher brauchst du ein Signal für den Notfall.

Dein Notfallsignal kann bei Begegnungen mit allen Tieren verwendet werden, die sehr plötzlich auftauchen oder sehr nah bei dir sind. Beispiele dafür sind: eine Katze, die unter einem Auto hervor läuft, während ihr vorbeigeht. Ein Kaninchen, das plötzlich im hohen Gras auf dem Feld aufspringt. Ein Reh, das vor euch aus dem Wald bricht, usw. In solchen Situationen ist es wichtig, dass du das Jagd-Verhalten deines Hundes unterbrichst, um zu verhindern, dass er oder das andere Tier zu Schaden kommen. Die Reaktion des Hinterherhetzens in dieser Situation erfolgt bei deinem Hund instinktiv und ist impulsiv. Deshalb kannst du nicht erwarten, dass er sich nicht so verhält und das Tier einfach ignoriert, egal wie viel Zeit und Mühe du in seine Ausbildung gesteckt hast. Aber genau für solche Fälle hast du im besten Fall bereits an deinen Notfallsignalen gearbeitet, um die potenziell gefährliche Situation zu entschärfen.

In einem weiteren Buch von mir mit dem Titel „Raketen-Rückruf" beschäftigen wir uns eingehend damit, wie du deinem Hund einen starken Rückruf beibringst, der in Situationen zum Einsatz kommt, in denen dein Hund von der Leine ist, sich in einiger Entfernung von dir befindet und beginnt, ein Tier zu hetzen. Die spezielle Art des Rückrufs soll deinen Hund dazu bringen, das Jagen abzubrechen und zu dir zurückzukehren. Dies deinem Hund beizubringen, kann sehr komplex sein, weshalb es dafür ein eigenes Buch gibt. Daher gebe ich dir in diesem Buch hier ein weniger komplexes Signal für den Notfall. Wenn du interessiert bist, kannst du aber am Ende dieses Buches einen Blick in das Buch „Raketen-Rückruf" werfen.

Das Signal für den Notfall, das wir hier besprechen werden, ist der „Notausgang". Dieser funktioniert dann gut, wenn dein Hund in deiner Nähe ist und plötzlich ein Tier auftaucht. Dabei spielt es keine Rolle, ob dein Hund zu diesem Zeitpunkt angeleint ist. Es ist im Grunde eine Kehrtwendung, die euch beide aus der Situation herausbringt.

Wir werden uns außerdem anschauen, wie du deinem Hund einen „Handtouch" beibringst, mit dem du feststellen kannst, ob sich dein Hund noch in einem denkenden Zustand befindet, während ihr zusammen arbeitet.

Wie am Anfang des Buchs bereits beschrieben, ist das Jagdverhalten sehr schwer zu unterbrechen: Wir kämpfen nicht nur gegen die Genetik, sondern haben es auch mit einem ursprünglichen Teil des Hundegehirns zu tun, das instinktives Verhalten und grundlegende Emotionen steuert.

Die einzige Möglichkeit, einen Fuß in die Tür zu bekommen, ist, in denselben ursprünglichen Teil des Hundegehirns vorzudringen, und hier kommt die klassische Konditionierung ins Spiel. Durch die klassische Konditionierung eines Signals verankern wir dieses Signal direkt in dem Teil des Hundegehirns, in dem seine Emotionen entstehen. Ist das Signal

erst einmal etabliert und durch Wiederholungen verstärkt,
folgt der Hund diesem Signal instinktiv, ohne darüber nachzudenken.

Hinweis: Wann die einzelnen Notsignale zu verwenden sind
Ist dein Hund weit von dir entfernt, bemerkt dort ein wildes
Tier und fängt an, es zu hetzen, benutze deinen Rückruf. Wie
du diesen aufbaust, so dass dein Hund aus jeder Situation ab-
rufbar ist, erkläre ich dir im Buch Raketen Rückruf.
Ist dein Hund in der Nähe, entweder an der Leine oder nicht,
und es taucht plötzlich direkt vor euch ein Tier auf, benutze
den „Notausgang".

Wenn du überprüfen musst, ob dein Hund sich in einem
denkenden Zustand befindet, während du deine Jagdersatz-
Tools anwendest und ihr zum Beispiel gemeinsam ein Tier
belauert, dann benutze den „Handtouch".

Der "Notausgang"

Der „Notausgang" ist ein positiver Verhaltensunterbrecher, der durch klassische Konditionierung funktioniert.

Ein positiver Verhaltensunterbrecher ist jedes Verhalten, das mit dem unerwünschten Verhalten unvereinbar ist und durch positive Verstärkung konditioniert wurde.

Beim "Notausgang" lernt der Hund, sich in einer Kehrtwendung von einem Auslöser abzuwenden und den Abstand zwischen sich und dem Auslöser zu vergrößern. Um dieses Signal auch dann noch mit Erfolg einsetzen zu können, wenn dein Hund die Schwelle zum Hetzen bereits überschritten hat, brauchst du eine instinktive, unwillkürliche Reaktion deines Hundes. Das bedeutet viel Übung mit hochwertigen, vielseitigen und funktionalen Belohnungen.
Überlege dir daher in einem ersten Schritt, was dein Hund will, wenn er Beute jagt, und wie du ihn für den Abbruch des Jagens belohnen kannst. Setzt du diese Verstärkungen zur Belohnung beim Notausgang ein, hat der Notausgang für deinen Hund dieselbe Funktion wie das Hetzen selbst: Du „verdrahtest" die Belohnung in seinem Gehirn von etwas, das du nicht kontrollieren kannst (seinen natürlichen Instinkt für das Jagdverhalten) zu etwas, das du kontrollieren kannst (seine Reaktionen auf deine proaktiven Reize und Signale).4

Funktionale Belohnungen für den Abbruch einer Hetzjagd können sein:

- Ein Spielzeug oder einen Ball werfen
- Das Spiel "Leckerlikegeln" spielen
- Den Hund auf die „Verlorensuche auf der Rückspur" schicken

- Eine mit Leckereien gefüllte Papiertüte werfen, die dein Hund zerrupfen kann
- Ein Zerrspiel mit einem Seil oder Spielzeug spielen

Die 10:1 Regel

Wann immer du den Notausgang einsetzt, um den Spaß zu beenden und das Jagdverhalten deines Hundes in einer realen Situation zu unterbrechen, solltest du ihn anschließend mindestens zehn Mal nur zum Spaß trainieren. Der Einsatz des Notausgangs in einer realen Situation ist vergleichbar mit dem Akku deines Handys. Du hast das Handy benutzt, der Akku hat sich entleert. Nun musst du den Akku wieder aufladen. Am besten übt ihr den Notausgang zum "Wiederaufladen des Akkus" in einer Umgebung mit wenig Ablenkung und mit einer für den Hund hochwertigen und funktionalen Belohnung aus der Liste der funktionalen Belohnungen zum Abbruch einer Hetzjagd.

So trainierst du den Notausgang

Der Notausgang: Schritt 1

Beginne damit, dass dein Hund an der Leine neben dir herläuft. Gib das Signal „Turn!" oder "Hier lang!". Warte einen Moment, bis dein Hund es verarbeitet hat, und locke ihn dann mit einem besonderen Leckerli oder einem spannenden Spielzeug in deiner Hand in eine 180°-Drehung um dich herum. Sobald die 180°-Drehung vollzogen ist, wirfst du das Leckerli oder das Spielzeug vor euch in die Richtung, in die du jetzt gehst. Lobe deinen Hund enthusiastisch und wiederhole den Vorgang mehrere Male.

Der Notausgang: Schritt 2

Beginne damit, dass dein Hund an der Leine neben dir herläuft. Gib das Signal "Turn!" oder „Hier lang". Warte einen

Moment, bis dein Hund das verarbeitet hat, und locke ihn
dann mit einer LEEREN Hand in eine 180°-Drehung. Sobald
die Kehrtwende vollzogen ist, greifst du in deine Tasche und
wirfst ein besonderes Leckerli oder Spielzeug noch vorne in
die Richtung, in die du jetzt gehst. Lobe deinen Hund ausführlich.

Der Notausgang: Schritt 3

Beginne damit, dass dein Hund neben dir an einer langen
Leine oder ohne Leine läuft. Gib ihm das Signal "Turn!" oder
„Hier lang". Wenn der Hund sich um 180° dreht, drehst du
dich ebenfalls um und wirfst ein besonderes Leckerli oder ein
aufregendes Spielzeug in die Richtung, in die ihr jetzt beide
geht. Lobe deinen Hund ausführlich.

Extra-Tipp:
*Trainiere das Verhalten an verschiedenen Orten, indem du
den Abstand zwischen dir und deinem Hund schrittweise ver-
größerst, bevor du das Signal gibst. Füge vorsichtig Ablenkungen hinzu. Achte dabei darauf, nicht zu viele Trainingsschritte
auf einmal zu gehen. Füge immer nur eine Ablenkung hinzu ODER vergrößere die Entfernung zwischen dir und deinem
Hund. Dein Ziel ist eine instinktive und unwillkürliche Reaktion deines Hundes, die du mit viel Geduld aufbauen musst.*

KEHR UM!
SCHRITT 1

KLICK!
SCHRITT 2

SCHRITT 3

SCHRITT 4

Handtouch

Der Handtouch ist ein „positiver Verhaltensunterbrecher"
wie auch der Notausgang, aber er funktioniert in anderer
Weise. Der Handtouch ist ein erlerntes Verhalten. Anstelle
der klassischen Konditionierung, die direkt auf die Emotionen deines Hundes einwirkt, werden beim Handtouch Berei-
che des Gehirns angesprochen, die für das kognitive Denken
zuständig sind.

Du kannst den Handtouch in jeder Situation einsetzen, in
der dein Hund von einem emotionalen Zustand zurück in
einen denkenden Zustand wechseln muss. Mit einem Handtouch kannst du die Jagd-Sequenz unterbrechen und den Abstand zum Auslöser vergrößern, bevor du deinem Hund erlaubst, weiterzumachen. Obwohl du damit die Jagd-Sequenz
komplett unterbrechen kannst, ist es geschickter, den Handtouch als Hilfsmittel für eine sanfte Neuausrichtung weg von
der Schwelle des Hetzens einzusetzen. Der Handtouch kann
beim Training von Jagdersatz-Tools wie dem Belauern auf
Signal hin sehr nützlich sein. Du kannst diesen einsetzen, um
etwas Abstand zwischen deinen Hund und den Auslöser zu
bringen, ohne den Jagdmodus gänzlich zu unterbrechen.

So trainierst du den Handtouch

Handtouch: Schritt 1

Lege ein Leckerli zwischen Ringfinger und Mittelfinger oder
zwischen Mittelfinger und Zeigefinger und strecke deine
Hand aus. Halte deine Hand so, dass dein Hund mit seiner
Nase deine Handfläche berühren kann, um das Leckerli zu
erreichen, das zwischen deinen Fingern steckt. Sobald du die
Nase deines Hundes auf deiner Handfläche spürst, lobst du
ihn und lässt das Leckerli los. Wiederhole dies mehrmals.

Handtouch: Schritt 2

Strecke deine Hand aus, diesmal ohne ein Leckerli zwischen deinen Fingern. Da dein Hund davon ausgeht, dass ein Leckerli zwischen deinen Fingern steckt, wird er trotzdem mit seiner Nase deine Handfläche berühren. Sobald du die Nase deines Hundes auf deiner Handfläche spürst, lobe ihn und hole ein Leckerli aus deinem Leckerli-Beutel. Füttere deinen Hund mit diesem Leckerli aus derselben Hand, die er gerade mit seiner Nase berührt hat. Wiederhole dies mehrmals, bis dein Hund den Handtouch zuverlässig ausführt.

Handtouch Schritt 3

Strecke deine Hand aus. Sobald die Nase deines Hundes deine Handfläche berührt, sagst du das Signal „Touch", holst ein Leckerli heraus und gibst es dem Hund aus derselben Hand. Wiederhole das mehrmals.

Handtouch Schritt 4

Sage das Signal „Touch", warte einen Moment und strecke dann deine Handfläche aus. Sobald die Nase des Hundes deine Handfläche berührt, lobe ihn und gib ihm ein Leckerli aus derselben Hand.

Extra - Tipp:

Trainiere das Verhalten an verschiedenen Orten, und vergrößere schrittweise den Abstand zwischen deiner Hand und deinem Hund. Füge vorsichtig Ablenkungen hinzu. Achte dabei darauf, dass dies in kleinen Schritten passiert. Dein Ziel ist eine instinktive Reaktion deines Hundes, welche mit viel Geduld aufgebaut werden muss.

Das Ende des Buches – der Beginn eures individuellen Trainings zusammen!

Elektroschockhalsbänder wurden 2006 in Deutschland verboten. Nachdem die „schnelle und einfache Lösung" in dem Land mit der höchsten Wildtierdichte Europas verboten worden war, mussten Hundetrainer und Verhaltenstherapeuten kreativ werden. Sie mussten sich gemeinsam mehr einfallen lassen, um Hunde von der Jagd abzuhalten. Als Antwort auf diesen Bedarf erlebte das Jagdersatztraining einen Aufschwung und eine Weiterentwicklung.

Das Jagdersatztraining ist zwar kein Zauberstab, der deinen Hund dazu bringt, seine Jagdinstinkte aufzugeben. Aber dieses Training lässt die Anwendung von Zwang und Schmerz im Hundetraining hinter sich, um dauerhafte Ergebnisse auf freundliche Art und Weise zu erzielen. Beim Jagdverhalten sind immer genetisch verankerte Muster am Werk. Es ist genauso wichtig, diese zu erkennen, wie mit ihnen zu arbeiten, statt gegen sie.

Ich hoffe, dass du mit diesem Trainingshandbuch alle Werkzeuge in die Hand bekommen hast, die du brauchst, um freundlich und gewaltfrei am Jagdverhalten deines Hundes zu arbeiten.

- Du weißt jetzt, was Jagdverhalten ist und warum dein Hund das Jagen so sehr liebt.
- Du hast Jagdersatz-Tools bei der Hand, mit denen du das Verhalten deines Hundes funktional verstärken kannst, um damit sein Jagdverhalten besser zu kontrollieren.

- Du bist jetzt mit mehreren bedürfnisorientierten Jagdersatzspielen ausgestattet, die ein sicheres Ventil für die
  jagdliche Energie deines Hundes bieten, wie z. B. die
  Freie Suche, die Verlorensuche auf der Rückspur, Lauer-
  spiel und Leckerlikegeln, der Würstchenbaum und die
  erbeutete Papiertüte.
- Du weißt, wie du mit den Signalen „Notausgang" und
  „Handtouch" ein Sicherheitsnetz bilden kannst, um ein
  unkontrolliertes Hetzen deines Hundes sofort zu unterbrechen.
- Wenn du mit deinem Hund gemeinsam auf die Jagd
  gehst, statt die Rolle des Verhaltensunterbrechers und
  Spaßverderbers zu spielen, wird sich deine Beziehung
  zu deinem Hund verbessern. Eure Verbindung wird sich
  verticfcn und die Zeit, die ihr zusammen verbringt, wird
  letztendlich noch schöner werden.

Egal, ob du deinen Hund rein mit positiver Belohnung er-
ziehst oder ob du Bestrafungen reduzieren möchtest: Ich
möchte dich ermutigen, das Jagdersatztraining auszuprobieren. Du wirst erstaunt sein, wie weit ein motivationsbasier-
tes und bedürfnisorientiertes Training dich und deinen vier-
beinigen Begleiter bringen wird.

Ich wünsche dir und deinem Hund viel Spaß beim Training!

Malinka und Nanook

Danksagung

Dieses Buch wäre ohne meine tollen Kollegen nicht möglich gewesen:

- Claire Staines von Lothlorien Dog Services in Schottland, meine liebe Freundin und Mentorin, von der ich lernen durfte und von der ich immer noch lerne. Claire, du bist eine Inspiration!
- Lhanna Dickson dafür, dass sie Zeit und Gedanken in dieses Buch gesteckt hat, indem sie es sowohl redigiert als auch in eine neue, spannende Richtung entwickelt hat, die weitere Denkanstöße gibt!
- Ein großes Lob an das gesamte Lothlorien-Team für eure ständige Unterstützung und dafür, dass ihr mir das Gefühl gebt, euch nahe zu sein, obwohl ich eigentlich ziemlich weit weg bin.

Ein besonderes Dankeschön geht an:

- Sonja Rupp, für die schönen Fotos von meinen Hunden beim Jagdersatztraining
- Charlotte Garner, Canine Author für die Hilfe bei der zweiten Ausgabe.
- Delany Martinez, WordChick dafür, dass sie der ersten Ausgabe meines Textes den letzten Schliff gegeben haben.
- Päivi Kokko für die wunderbaren Skizzen
- Clara Hilsberg für die wunderbare Überarbeitung der deutschen Ausgabe dieses Buches
- Der hübschen Ori und ihrem Herrchen für das tolle Coverfoto, welches von Ann-Christin Mundsahl eingefangen wurde
- Fee Ketelsen für ihr scharfes und kritisches Auge

Ich möchte zumindest einige der Kollegen erwähnen, die den Weg für gewaltfreies, wissenschaftlich fundierte Jagdersatz-

training geebnet haben, auf die ich mich in diesem Trainingsprogramm stütze:

- Dr. Ute Blaschke Berthold, eine visionäre Hundetrainerin
  und Verhaltenstherapeutin.
- Anja Fiedler, die kürzlich mehrere Methoden in ihrem
  umfassenden Trainingsprogramm „Jagdverhalten - verstehen, kontrollieren, ausgleichen" zusammengeführt und
  perfektioniert hat.
- Grisha Steward, deren Buch und Trainingsprogramm
  BAT 2.0 das Leinenhandling in diesem Buch stark beeinflusst hat. BAT 2.0 ist eine der besten Ressourcen, die es
  gibt, wenn du auf der Suche nach einem achtsamen Umgang mit deinem Hund bist.

Das größte Dankeschön geht an meinen Mann Kai für seine ständige Unterstützung, seine Geduld und dafür, dass er
immer geduldig zuhört, wenn ich über Hunde und Training
rede.

Und nicht zuletzt ist dieses Buch meinen Hunden Malinka, Nanook und Isla gewidmet, meinen besten Lehrern und
engsten Begleitern.

ÜBER DIE AUTORIN

Simone Müller, MA, ist zertifizierte Hundetrainerin und Hundeverhaltensberaterin (ATN) und hat sich auf gewaltfreies Jagdersatztraining spezialisiert

Simone ist Associate Trainer beim schottischen Lothlorien Dog Training Club (AT-LDTC) und Mitglied der Initiative für gewaltfreies Hundetraining, der Pet Professional Guild (PPG), der Pet Dog Trainers of Europe (PDTE) und bei der Trainerinitiative „Trainieren statt Dominieren".

Weitere Informationen auf englisch findest du unter
http://www.predation-substitute-training.com

Folge Simones Arbeit auf Facebook und Instagram:

facebook.com/predationsubstitutetraining
instagram.com/predation_substitute_training
#predationsubstitutetraining

Simone mit Nanook und Isla

Eine Bitte

Wenn du nach dem Lesen und dem Beginn dieses Trainingsprogramms das Gefühl hast, dass das Jagdersatztraining bei deinem Hund keinen Erfolg hat, schreibe mir eine E-Mail! Ja, ich meine es ernst - Menschen müssen genauso viel lernen wie ihre hündischen Begleiter, und deine Meinung ist mir wichtig.

Wenn dir dieses Trainingsprogramm gefallen hat und du der Meinung bist, dass es die Beziehung zu deinem Hund grundlegend verändert, lass es die Welt bitte wissen und hinterlasse mir eine positive Bewertung!

Ich schreibe dies ausdrücklich, weil Rezensionen das Lebenselixier eines jeden Buches sind. Ohne Sterne und Rezensionen besteht eine überdurchschnittlich hohe Wahrscheinlichkeit, dass du dieses Trainingsprogramm gar nicht erst gefunden hättest.

Bitte nimm dir dreißig Sekunden Zeit (oder möglicherweise sogar weniger!), um mich als unabhängige Autorin zu unterstützen, indem du eine Bewertung hinterlässt.

Schließlich hilft mir eine kurze Bewertung oder Rezension am Ende des Tages, meinen Hunden mehr Spielzeug und Leckerlis zu kaufen, und mal ehrlich, welcher Hund auf der Welt verdient nicht mehr Spielzeug und Leckerlis?

Herzlichen Dank!
Alles Gute für dich und deinen Hund!
Simone

„Gemeinsam Jagen" und „Rückruf - Bombensicher"

Zwei Teile des Jagdersatztrainings

Wenn dein Hund mit dem Jagdverhalten Schwierigkeiten hat, braucht ihr wahrscheinlich neben den Spielen, die das Jagen ersetzen, auch einen „bombensicheren Rückruf".

Was steckt hinter dieser Bezeichnung?

Mit diesem Rückruf kommt dein Hund immer von überall und ohne Ausnahme sofort zu dir zurück – und das auch noch mit Freude! Statt dich durch die Unterbrechung als Spaßbremse zu empfinden, bist du der Spaß, auf den er zuläuft!

Da es neben dem Jagen viele Situationen gibt, die für einen Hund gefährlich sein können, habe ich mich entschieden, für den bombensicheren Rückruf ein eigenes Buch zu veröffentlichen, damit auch Hundebesitzer, deren Hunde nicht jagen, aus diesem Buch ihren Nutzen ziehen können.

Denn stell dir vor, dein Hund rennt mit voller Geschwindigkeit auf eine Straße zu. Du brauchst etwas, das ihn garantiert dazu bringt, umzudrehen und stattdessen zu dir und weg von der Gefahr zu laufen. Oder du bist im Park und dein Hund ist nicht angeleint. Er sieht einen anderen Hund und rennt auf ihn zu, um ihn zu begrüßen. Auch wenn du sicher bist, dass dein Hund freundlich ist, kann dies zu Problemen führen. Vielleicht hat der andere Hund Angst oder ist seinerseits aggressiv oder gar krank. Für all diese Situationen brauchen dein Hund und du genauso einen soliden Rückruf wie für das Jagdersatztraining.

„Rückruf - bombensicher" ist daher Teil des Jagdersatztrainings, funktioniert aber auch eigenständig für viele andere Situationen.

Leseprobe erwünscht?

Dann schau dir die nächsten Seiten an und du erfährst mehr über den zuverlässigen Rückruf deines Hundes!

VORWORT

Ist es für dich immer noch ein Traum, dass dein Hund in jeder Situation zuverlässig auf dein Signal zu dir zurückkommt?

Ist es dir unangenehm, wenn dein Hund nicht reagiert und du ihn laut rufen oder ihm hinterherlaufen musst, während er fröhlich davonläuft?

Bist du frustriert, wenn dein Hund dich wegen einer aufregenden Ablenkung scheinbar vergisst und wegläuft, während du keine Chance hast, ihn wieder einzuholen?

Einen zuverlässigen Rückruf zu trainieren ist eine der größten Herausforderungen für Hundebesitzer. Aber der Rückruf gehört auch zu den wichtigsten Übungen, denn im Zweifel kann er Leben retten.

Auch wenn du vielleicht schon einiges probiert hast und nicht mehr daran glaubst: Ein bombensicherer Rückruf, der zuverlässig funktioniert, kann auch für dich zur Realität werden. Jeder Hund, unabhängig von seinem früheren Verhalten, kann lernen, freudig und zuverlässig zu kommen, wenn du ihn rufst.

Starte einfach mit den simplen Schritt-für-Schritt-Anleitungen in diesem Trainingsprogramm. Schon bald wirst du erste Erfolge des Trainings bei deinem Hund sehen. Dabei ist es auch egal, ob er ein junger Welpe oder ein erwachsener Hund ist - es wird funktionieren!

Im Laufe dieses Trainingsprogramms wirst du mit deinem Hund:

- Den „doppelten Rückruf" lernen. Dabei handelt es sich um eine Methode in zwei Abschnitten, die deinen Hund dazu bringt, auch bei starker Ablenkung zuverlässig zu dir zu kommen.
- Lernen, mit bedürfnisorientierten, funktionalen Verstärkern zu arbeiten.

- Erfahren, wie häufige Fehler bei der Hundeerziehung vermieden werden, die den Erfolg wieder zunichte machen können.
- Den bombensicheren Rückruf mit Spaß und Spiel erlernen und dabei lustige Rückruf-Spiele für Anfänger und Profis kennenlernen.
- Erlernen, wie du das Training erfolgreich und unabhängig allein fortsetzt.

Zu Beginn der Trainingsreise mit deinem Hund, möchte ich dir eine Gedankenanregung mit auf den Weg geben: Auf dem Weg zum bombensicheren Rückruf geht es nicht darum, deinem Hund auswendig gelernten Gehorsam abzuverlangen. Vielmehr geht es darum, sein natürliches Verlangen zu wecken, zu dir zurückzukehren, dies zu verstärken und zu nutzen!

Ich kann es kaum erwarten, loszulegen, und ich hoffe, du und dein Hund, ihr seid genauso bereit wie ich.

Auf die Plätze - fertig - los - Rückruf!

Teil 1: Der Rückruf

Eine Enttäuschung für deinen Hund?

Warum haben so viele Hundehalter Probleme mit dem Rückruf ihres Hundes?

Ein zuverlässiger Rückruf ist für viele Hundebesitzer eine der größten Herausforderungen. Aber warum ist das so?

Zunächst einmal müssen wir verstehen, dass ein Rückruf für unseren Hund eine negative Unterbrechung seines Tuns ist. Auf den Rückruf zu hören, läuft den Wünschen des Hundes in der Regel in diesem Moment zuwider. Wir bitten unseren Hund damit, sich von etwas Spannendem abzuwenden und es aufzugeben.

Wenn er sich von einem interessanten Geruch, einer Person, einem Tier oder einer anderen Ablenkung abwendet und zu uns zurückkommen muss, ist das die erste „Enttäuschung" für den Hund. Wir versuchen natürlich, diese Enttäuschung durch ein Leckerli zu kompensieren, aber oft ist das Leckerli nicht wirklich eine Belohnung für unseren Liebling. Das Leckerli befriedigt das Bedürfnis nicht, das der Hund in diesem Moment verspürt. Ein Leckerli zu geben ist nicht „funktional". Das bedeutet, es ist nicht Teil eines Systems, das von den Instinkten des Hundes gesteuert wird. So kann leider die eigentlich gut gemeinte Belohnung zu einer zweiten „Enttäuschung" werden.

Ein Beispiel zur Verdeutlichung: Erinnerst du dich, wie du dich als Kind gefühlt hast, wenn deine Eltern dich zum Essen ins Haus gerufen haben, aber die anderen Kinder weitergespielt haben? Vielleicht gab es sogar dein Lieblingsessen, aber in dieser Situation war es nicht das, was du tun wolltest. Du wolltest mit deinen Freunden weiterspielen! Vielleicht hast du die Unterbrechung des Spiels sogar als eine Art Strafe empfunden. Vermutlich warst du enttäuscht, traurig, vielleicht sogar wütend, dass du das, was du tun wolltest, aufgeben musstest – auch wenn es für etwas anderes war, das dir normalerweise Spaß macht.

Ein Hund, der sich von der Jagd auf eine Katze oder vom Spiel mit einem anderen Hund abwendet, kann das gleiche fühlen, selbst wenn du ihm ein Leckerli anbietest. Auch wenn Hunde zu Hause und in einer ablenkungsfreien Umgebung gerne fressen, kann es sein, dass sie das gleiche Leckerli außerhalb des Hauses nicht als Belohnung empfinden. Dies ist einer der Gründe, warum so viele Hunde zögern oder sich sogar weigern, draußen Leckerlis zu fressen. Verfolgt man den Gedanken der „Enttäuschung" beim Rückruf weiter, so haben manche Hundebesitzer Probleme mit dem Rückruf ihres Hundes, weil sie ihren Hund bewusst oder unbewusst dafür bestrafen, dass er zurückkommt. Dies kann wie folgt aussehen:

- Ein Wutausbruch und anschließendes Anschreien eines „ungezogenen" Hundes wenn er zurückkommt, der von der Leine abgekommen oder ausgebrochen ist.
- ·Ein Zögern oder eine Härte in der Stimme, die aus der Angst geboren wird, dass der Hund auf die Straße rennen könnte.
- Körpersprache und Haltung des Hundebesitzers verändern sich vielleicht zu einer bedrohlichen Haltung, weil er damit bewirken möchte, dass der Hund zurückkommt.

Die oben genannten Vorgänge müssen nicht einmal absichtlich geschehen.

"Funktionale Verstärker":
Funktionale Verstärker sind Belohnungen, die das Bedürfnis des Hundes befriedigen, das dieser in diesem Moment verspürt. Möchte dein Hund gerade jagen, wäre es also ein funktionaler Verstärker, ihn einem Leckerli "nachjagen" zu lassen.

Vermutlich ist so etwas jedem Hundebesitzer schon einmal passiert, denn diese Reaktionen liegen einfach in unserer Natur. Wir brauchen uns an dieser Stelle also keine Vorwürfe zu machen, sollten unser Verhalten aber trotzdem ändern. Denn: In diesem Moment hat dein Hund möglicherweise begonnen, den Rückruf mit etwas Negativem oder Bestrafendem zu verbinden - mit „Enttäuschung". Du hast deinen Hund von etwas Interessantem zurückgerufen, ihn an die Leine genommen oder von seinen Freunden weggerufen und damit seinen Spaß beendet. Unser Hund empfindet das als Bestrafung

Ein weiterer Grund, warum ein Hund Schwierigkeiten mit dem Rückruf haben kann, ist mangelndes Training. Viele Hundebesitzer trainieren den Rückruf zu Hause oder in ähnlich vertrauter Umgebung ohne weitere Ablenkungen für den Hund. Wenn es jedoch versäumt wird, den Rückruf zu generalisieren und ihn auch in schwierigen Umgebungen zu üben, funktioniert er verständlicherweise in dem Moment nicht mehr, in dem der Hund von Vorgängen in der Umgebung stark abgelenkt wird. Um das Signal richtig zu verallgemeinern, muss es hunderte oder sogar tausende Male in verschiedenen Situationen und unter verschiedenen Ablenkungen wiederholt werden.

Um einen verlässlichen Erfolg zu erzielen, müssen wir diese Situationen also sorgfältig planen und all das, was unseren Hund von unserem Signal ablenkt, so einteilen, dass wir die „Ablenkungen", wie sie im Folgenden genannt werden, in einer Art Liste abarbeiten können. In diesem ganzheitlichen Trainingsprogramm gehen wir auf die drei häufigsten Probleme ein, die Hundebesitzer beim Rückruf ihres Hundes haben: Der Unwille, etwas Interessantes aufzugeben, das Gefühl der Bestrafung und mangelndes Training. Wir werden auch anschauen, wie eine Belohnung funktional gestaltet wird, so dass sie den gewünschten Effekt hat und nicht als Enttäuschung empfunden wird.

Während des Trainings wirst du mit deinem Hund Spiele kennenlernen, die sein Gehirn umprogrammieren und dafür sorgen, dass das Zurückkommen zu dir nicht mehr als Strafe empfunden wird. Wenn du diese Techniken richtig umsetzt, wird dein Hund tatsächlich den Wunsch verspüren, zu dir zurückzukommen. Außerdem erstellen wir gemeinsam eine gut strukturierte Liste mit Ablenkungen, Situationen und Belohnungsmöglichkeiten, die du mit deinem Hund zusammen abarbeiten kannst.